KB203127

내게 기적이 일어나는 시간

한국의 기도 모음집

| 정연복 엮음 |

시인사

이 도서의 국립중앙도서관 출판시도서목록(CIP)은 서지정보유통지원시스템 홈페이지(http://seoji.nl.go.kr)와 국가자료공동목록시스템(http://www.nl.go.kr/kolisnet)에서 이용하실 수 있습니다. (CIP제어번호: CIP2014035756)

책을 엮으며

이 땅의 신자들이 모국어 기도시를 통해 참되고 성숙한 믿음에 좀 더 가까이 다가갈 수 있으면 참 좋겠다는 생각을 오랜 세월 품고 있었는데, 마침내 이 소박한 희망이 결실을 맺게 되어 무척 기쁘고 마음 설렙니다.

강선영·강은교·공석진·권태원·김민소·김상현·김소엽·김옥진·김재진·나태주·노천명·박노해·박희진·서정홍·손광세·송용구·심홍섭·심훈·안성란·용혜원·유소례·유안진·이성교·이성진·이수익·이인평·이채·이향아·이호연·임보·전원범·정목일·정용철·정현종·조창환·차옥혜·천양희·최옥·최용우·표경환·허형만·홍수희 시인, 고훈·김휘현·박인걸·이현주·한억만·한성국·한희철 목사님, 이어령·한완상 선생님, 크리스찬치유상담연구원 원장이신 정태기 교수님, 그리고 저를 포함해 쉰세 명의 기도시 165편을 엮은 이 기도 모음집이 독자들의 마음속에 잔잔

한 감동을 줄 수 있기를 기대합니다.

아울러, 보석같이 빛나는 한 편 한 편의 기도시들을 시집으로 엮을 수 있도록 부탁을 드렸을 때 흔쾌히 허락해주셨을 뿐만 아니라 보람 있는 일을 위해 수고한다며 따뜻한 격려를 해주신 모든 분들께 진심으로 감사를 드립니다.

2014년 12월

엮은이 정연복

차례

4. 예수 그리스도

5. 성령

6. 신앙 고백

7. 섭리

8. 창조와 구원

9. 의탁

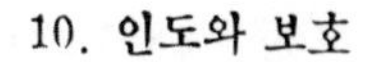

10. 인도와 보호

11. 은혜와 축복

12. 참회와 용서

13. 나를 위한 기도

14. 지혜

15. 믿음

16. 소망

17. 사랑

18. 외로움과 고통 중의 기도

19. 감사

20. 헌신과 봉사

21. 꽃의 기도

22. 가난한 이들의 기도

23. 하루를 위한 기도

24. 사계절의 기도

1

기도의 준비

기도

나태주

한 가지 말씀만
한 가지 소원만

하나님이 알아들으실 때까지
하나님이 들어주실 때까지

어린아이가 울면서
엄마한테 떼를 쓰듯이.

불을 붙여주소서

이향아

타고난 이 육신에
불을 붙여주소서

내 영혼의 등잔에
향유를 채우소서

혼신으로 뽑아 올린
심지 끝에서
내 생명을 광휘로
사르게 해주소서

내 잔이 차고 넘칠 때에도
당신을 잊어버리지 않게만
하소서

나무 기도

김재진

기도가 기도가 되기 위해서는
마음속 공간이 넓어야 한다.
울리는 공간이 더 커지도록
아무것도 담지 말아야 한다.
기도가 기도가 되기 위해서는
세상과 나의 거리
그 간격이 속 깊은 항아리처럼 비어야 한다.
멀어진 간격마다 그윽한 나무 한 그루씩
심어야 한다.
노각나무 심는 날
나무가 드리는 기도소리 듣는다.
차꽃같이 하얀 꽃 피우고 싶은
노각나무 큰 키가 마음의 통로 따라
파릇한 수맥으로 올라가던 날
기도가 기도가 되기 위해서는
가진 것 조그맣게 줄여야 한다.

기도를 드리고 싶을 때

용혜원

하나님을
가까이 느낄 때
기도를 드리고 싶습니다

하나님의
일을 하고 싶을 때
기도를 드리고 싶습니다

하나님의
사랑을 느낄 때
기도를 드리고 싶습니다

하나님의
손길을 느낄 때
기도를 드리고 싶습니다

하나님의
뜻을 알고 싶을 때
기도를 드리고 싶습니다

기도

김휘현

분주한 오늘을 내려놓고
두 손을 모음은
내일은
당신 안에서 눈뜨고 싶은 소망입니다

기도는
마음의 잡동사니 비워내는
영혼의 매립장
욕망의 어둠을 태우는
영혼의 소각로
나의 연약함 몰아내는
영혼의 훈련소
무한의 사랑을 공급받는
영혼의 충전소

두려운 순간에도
외로운 순간에도
미움의 순간에도

언제나 그 자리에 서 계신 주님
떨리는 무릎 꿇으면
가까이 와 일으키시는 당신의 손길

하루의 끝자락에서
두 손을 모으고
당신 사랑에 다시 일어서는 그곳은
영원한 삶의 시작입니다

기도하세요

홍수희

마음이 슬프고 괴로울 때에
누군가를 위해 기도하세요
나보다 더 슬픈
그를 위해 기도하세요

마음의 상처가 짓누를 때에
누군가를 위해 기도하세요
나보다 더 아픈
그를 위해 기도하세요

사는 것이
문득 외로워질 때에
꿈꾸는 일조차 힘겨울 때에
이 세상 누군가를 위하여
기도하세요

깊은 밤 잠 못 이루고
눈물로 지새는 이를 위하여

이름도 얼굴도 모르는
한 사람을 위하여

기도는 너와 나를 연결해주는
신비로운 끈, 누군가의
온기가 느껴지네요

마음에 한없이 찬비 내릴 때
두 손을 모아 기도하세요
내 영혼 슬픔은 희미해지고
기쁨이 나를 채울 거예요

시간의 주인

최용우

주님!
주님은 시간의 주인이십니다.
저는 다만 주신 시간 안에서 살아갈 뿐입니다.
주님이 주신 시간 주님을 위해 드려야 하는데
그 시간을 빼앗아 내 마음대로 사용하면서
아 바쁘다 바빠~ 바쁜 척합니다.
그 무엇을 하는 시간도
주님 앞에 나아가는 시간보다는
더 중요하지는 않는데 말입니다.

주님!
오늘은 바쁜 일 다 멈추고
조용히 주님 앞에 무릎을 꿇겠습니다.
오늘 저에게는 주님과 대화하는 시간이
가장 바쁘고 가장 중요한 시간입니다.
기도로 주님과 의논하면서 일을 하면
무슨 일을 해도 여유롭게 할 수 있는데
그동안 혼자 바빴음을 용서해주십시오.

2

찬양과 경배

무엇으로라도 오십시오

한희철

여기 내 마음
가라앉을 만큼 가라앉아
거반
눈물에 닿았으니

오십시오, 주님
비로든
바람으로든
폭풍우로든
무엇으로라도 오십시오
파란 떨림
나는 당신을 예감합니다

만나러 가는 노래

이향아

태초에 주셨던 말씀
그것 하나만 가지고
당신을 만나러 갑니다

밝은 두 눈으로
가나안에 뜨는 무지개를 봅니다
보옥(寶玉) 같은 말씀으로
사무치는 목숨들을 노래합니다

이 사랑을 위해
무릎 꿇고 싶습니다
이 행복을 위해
통곡하고 싶습니다

강림하소서
강림하소서

혹은 번개와도 같이
혹은 순행하는 바람과도 같이

찬미하리라

홍수희

비가 오면
그 빗물을 찬미하리라
바람 불면
그 바람을 찬미하리라
추위가 오면 그 추위를
더위가 오면 그 더위를
거기 함께 흐르는
당신의 섭리를
찬미하리라
기쁠 때는 그 기쁨을
슬플 때는 그 슬픔을
사랑밖에 모르는 주님
사랑으로 나를
섭리하시니
나보다 나를 잘 아는 주님
내 영혼의 선익을 위하여
은총으로 나를
보살피시네

나 항상 당신을

찬미하리라

사랑밖에 모르는 주님

사랑으로 나를

섭리하시니

빛의 향연

김휘현

강아지 털 위에 부서지는 햇살
바람을 타고 피어나는 무수한 빛의 향연

바람은 빛을 타고
빛은 바람을 타고 춤을 춘다.

이 어찌 감사하지 않으랴
나를 위한 하나님의 은총.

강아지 털 위에 부서지는 햇살
바람을 타고 피어나는 무수한 빛의 향연

빛은 내 눈으로 날아들고
내 눈은 빛을 타고 하늘을 난다.

이 어찌 찬양하지 않으랴
나를 위한 하나님의 사랑.

3

하느님

기도

서정홍

많은 사람들이

교회에 앉아서 기도를 한다.

가만히 앉아서

맨날 무엇을 달라고 저러는지

하느님도 머리가 아프시겠다

저 많은 기도

다 들어주시려면.

9월

홍수희

소국(小菊)을 안고 집으로 오네

꽃잎마다 숨어 있는 가을,

샛노란 그 입술에 얼굴 묻으면

담쟁이덩굴 옆에 서 계시던 하느님

그분의 옷자락도 보일 듯하네

봄비

심훈

하나님이 깊은 밤에 피아노를 두드리시네.
건반 위에 춤추는 하얀 손은 보이지 않아도
섬돌에, 양철 지붕에, 그 소리만 동당 도드랑
이 밤에 하나님도 답답하셔서 잠 한숨도 못 이루시네.

가난한 자에게는

나태주

가난한 자에게는 끝없는 해방과 평안을.
녁넉한 자에게는 담을 쌓고서도 잠 못 드는 불면을.
일인에게 이 인분의 행복을 주시지 않는 하나님,
공평하신지고 만세 만세 하나님.

소록도 수녀님들

유안진

방금 보았다 하느님들을
소록도에서 잠깐 오신 눈이 파아란 할머니 수녀님들을
하느님들이 기다리시기 때문에 빨리 돌아가야 한다며
다음에 오거든 차를 마시자 하곤 종종걸음 치는 등 굽은 뒷모습에
돌아서다 말고 홀연 깨달았다
나환우들을 하느님들로 섬기는 저 서양 할머니 수녀님들이
바로 하느님들이시라고.

냉정하신 하느님께

정현종

지난해는
참 많이도 줄어들고
많이도 잠들었습니다 하느님
심장은 줄어들고
머리는 잠들고
더 낮을 수 없는 난쟁이 되어
소리 없이 말없이
행복도 줄었습니다

그러나 저 납작한 벌판의 찬 흙 속에
한마디 말을 묻게 해주세요
뜬구름도 흐르게 하는 푸른 하늘다운
희망 한 가락은
얼어붙지 않게 해주세요
겨울은 추울수록 화려하고
길은 멀어서 갈 만하니까요
당신도 아시지요만, 하느님.

하나님, 안 될까요? 하나님

김소엽

하나님
단 한 번
당신만 아시는
비밀 하나 가지면
안될까요? 하나님

사무치는 마음
하늘에 닿아
당신도 고개 끄덕일
그런 고귀한 사랑
단 한 번만 가지면
안될까요? 하나님

보석처럼 빛나는
아름다운 사랑
가슴에 묻고서
무덤까지 가져가면
안될까요? 하나님

그것도 죄가 된다면

어이하리요

목숨이 살아

아직 더운 피 살아 돌 때

단 한 번만

사랑하면

안될까요 하나님!

어느 무신론자의 기도 1

이어령

하나님
나는 당신의 제단에
꽃 한 송이 촛불 하나도 올린 적이 없으니
날 기억하지 못하실 것입니다.

그러나 하나님
모든 사람이 잠든 깊은 밤에는
당신의 낮은 숨소리를
듣습니다.

그리고 너무 적적할 때 아주 가끔
당신 앞에 무릎을 꿇고 기도를 드립니다.
사람은 별을 볼 수는 있어도
그것을 만들 수는 없습니다.

별사탕이나 혹은 풍선 같은 것을 만들지만
어둠 속에서는 금세 사라지고 맙니다.
바람개비를 만들 수는 있어도

바람이 불지 않으면 돌아가지 않습니다.

보셨는지요 하나님.

바람개비를 든 채 잠들어버린 유원지의 아이를 말입니다.

하나님

어떻게 저 많은 별들을 만드셨습니까

그리고 처음 바다에 물고기들을 놓아

헤엄치게 하실 때

당신의 손으로 만드신 저 은빛 날개를 펴고

새들이 일제히 하늘로 날아오를 때

하나님의 마음이 어떠셨는지 알고 싶습니다.

이 작은 한 줄의 시를 쓰기 위해서는

발톱처럼 무디어진 가슴을 찢어야 하고

코피처럼 진한 후회와 눈물을 흘려야만 하는데

하! 하나님은 어떻게 그 많은 별들을

축복으로 만드실 수 있었는지요.

하나님 당신의 제단에 지금 이렇게 엎드려 기도하는 까닭은

별을 볼 수는 있어도

그것을 만들지도 다 셀 수도 없기 때문입니다.

용서하세요 하나님.

원컨대 아주 작고 작은 모래알만 한 별 하나만이라도
만들 수 있는 그 힘을 주소서.
아닙니다, 절대로 아닙니다.
감히 어떻게 하늘의 별을 만들 생각을 하겠습니까.

그저 이 가슴속 깜깜한 하늘에
반딧불만 한 작은 별 하나라도
만들 수 있는 힘을 주신다면
내 가난한 말들을 모두 당신의 제단에 바치겠나이다.

향기로운 초원에서 기른 순수한 새끼양 같은
나의 기도를 바치겠나이다.

좀 더 가까이 가도 되겠습니까, 하나님.
당신의 발끝을 가린 성스러운 옷자락을
때 묻은 이 손으로 조금 만져봐도 되겠습니까.

아! 그리고 그 손으로 저 무지한 사람들의
가슴속에서도 풍금소리를 울리게 하는
한 줄의 아름다운 시를 쓸 수 있도록
허락해주시겠습니까.

4

예수 그리스도

물

한억만

주여,

당신은
이제 보니
물처럼 사셨군요.

물을 통해 우리가
인생의 진리를 배우듯,

당신을 통해
진정한 겸손이 무엇인지,

인내가 무엇인지,
순종이 무엇인지,

감사와 변화 그리고
희망이 무엇인지를 배우게
되었습니다.

당신을 닮듯
이젠 물을 닮게 하소서.

그 사람도 그랬습니다

박노해

집 없이 추운 이여
그 사람도 집이 없었습니다

노동에 지친 이여
그 사람도 괴로운 노동자였습니다

인정받지 못하는 이여
그 사람도 자기 땅에서 배척당했습니다

배신에 떠는 이여
그 사람도 마지막 날 친구 하나 없었습니다

쓰러져 우는 이여
그 사람도 영원한 현실 패배자였습니다

그 사람도 그랬습니다

그러나 그에게는 믿음이 있었습니다

포기하지 않은 희망이 있었습니다
피투성이로 품은 사랑이 있었습니다

그것을 온몸으로 끌어안고
자신의 패배와 죽음까지를 끌어안고
마침내 무력한 사랑으로 이루어낸 것입니다

그 사람이 그러했듯이
당신도 그러할 것입니다

이 세상의 작고 힘없는 사람 중의 하나인
당신 속에 그가 살아계시기 때문입니다

예수여, 부를수록 새로운 그 이름

한성국

예수여,
부를수록 새로운 당신의 그 이름만이
언제나 우리의 사랑이 되게 하소서.

예수여,
살아갈수록 새로운 당신의 그 은혜만이
언제나 우리의 힘이 되게 하소서.

예수여,
느낄수록 새로운 당신의 그 숨결만이
언제나 우리의 생명이 되게 하소서.

예수여,
만날수록 새로운 당신의 그 따스함만이
언제나 우리의 평화가 되게 하소서.

예수여,
함께할수록 새로운 당신의 그 눈물만이

언제나 우리의 기도가 되게 하소서.

예수여,
짊어질수록 새로운 당신의 그 십자가만이
언제나 우리의 진실이 되게 하소서.

예수여,
믿을수록 새로운 당신의 그 부활만이
언제나 우리의 희망이 되게 하소서.

오 예수여,
부를수록 새로운 당신의 그 이름만이
언제나 우리의 빛이 되게 하소서.

하느님의 어린양

홍수희

마음이 가난한 자 복되다고요?
지금 눈물 흘리는 자 복되다고요?
지금 억압받는 자 복되다고요?
지금 손해 보는 자 복되다고요?
자기를 위해서는 개미 한 마리
해(害)하지 못하는 자 복되다고요?
지금 의로움에 주린 자 복되다고요?
의로움 때문에 주님,
박해를 받는 자 복되다고요?
하늘나라가 그들의 것이라고요?
한때 저는 당신께 물었습니다
왜? 왜? 왜?
그러나 하느님의 어린 양이여,
당신의 가시관에 그 해답이 있음을
호롱불 아래 어렴풋이 알게 됩니다
십자가 위에
높이 매달리신 당신을 바라볼 때에
당신의 가시관이

금빛 찬란한 영광의 관(冠)이었음을
알지 못하였으니
마음의 눈 어두운 자 보지 못하나이다
마음의 귀 어두운 자 듣지 못하나이다
그러므로 오직 십자가만이
자랑인 것도 모르나이다
세상의 죄를 없애시는 주님
빌라도 앞에, 오직
하얗게 서 계시던 어린양이여

어느 무신론자의 기도 2

이어령

당신을 부르기 전에는
아무 소리도 들리지 않았습니다.
당신을 부르기 전에는
아무 모습도 보이지 않았습니다.
하지만 이제는 아닙니다.
어렴풋이 보이고 멀리에서 들려옵니다.

어둠의 벼랑 앞에서
내 당신을 부르면
기척도 없이 다가서시며
"네가 거기 있었느냐"
"네가 그동안 거기 있었느냐"고
물으시는 목소리가 들립니다.

달빛처럼 내민 당신의 손은
왜 그렇게도 야위셨습니까
못 자국의 아픔이 아직도 남으셨나이까.
도마에게 그렇게 하셨던 것처럼 나도

그 상처를 조금 만져볼 수 있게 하소서.
그리고 혹시 내 눈물방울이 그 위에 떨어질지라도
용서하소서.

아무 말씀도 하지 마옵소서.
여태까지 무엇을 하다 너 혼자 거기 있느냐고
더는 걱정하지 마옵소서.
그냥 당신의 야윈 손을 잡고
내 몇 방울의 차가운 눈물을 뿌리게 하소서.

쿼바디스 도미네

차옥혜

세상은 거대한 눈꽃입니다
길들은 모두 사라졌습니다
당신은 어디로 가십니까
푸른 보리밭과 생수가 솟구치는 울창한 삼나무 숲은
전설이 되었습니다
장발장은 배고픈 조카들 때문에 또다시 빵조각을 훔쳐
교도소에 재수감되고
한 무리의 사람들은 빵을 찾아 죽음일지도 모르는
눈산을 넘고 있습니다
어떤 이들은 폭설에 맞서 바리케이드를 쳤지만
얼어 죽었습니다
가엾은 사람들이 얼마나 더 눈꽃 속을 헤매다
죽어야 합니까
천 년입니까 만 년입니까
봄은 정녕 꿈꿀 수 없는 것입니까

* 쿼바디스 도미네(Quo Vadis Domine): 라틴어로 '주여 어디로 가시나이까?'라는 뜻

햇살이 새싹의 볼을 어루만지는 벌판을
배고픈 이들을 위한 무료 빵가게를
언제쯤 볼 수 있습니까
생명이고 사랑이고 평화고 희망이고 영원인 당신이시여
세상을 덮어버린 눈꽃에 길을 내시며 오소서
눈꽃을 헤쳐 언 손들을 잡아끌어 언 몸을 품어주소서
당신은 어디로 가십니까

예수 마음

최용우

주님!
바람이신 주님
제가 코로 숨을 들이킬 때마다
바람과 함께 제 몸 안에 들어오소서.
그리하여 제 주인이 되어주소서.

주님!
빛이신 주님
제가 햇볕을 쬘 때마다
따스한 열과 함께 제 몸 안에 들어오소서.
그리하여 제 힘이 되소서.

주님!
물이신 주님
제가 깨끗한 생수를 마실 때마다
시원한 물과 함께 제 몸 안에 들어오소서.
그리하여 제 생명이 되소서.

5

성령

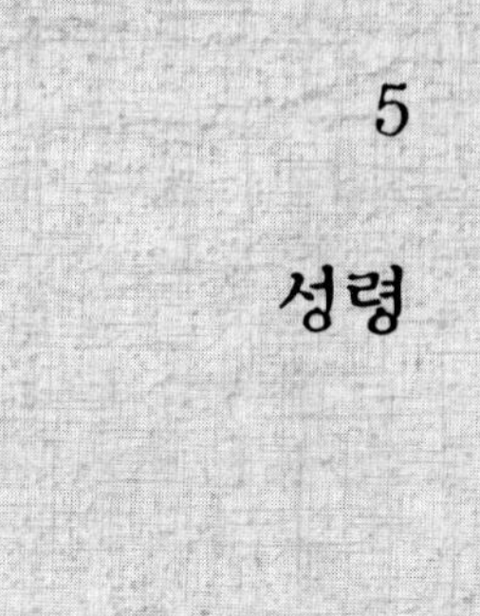

육신과 성령

최용우

주님!

육신을 따라 사는 사람은

육신에 속한 것을 생각한다고 했는데

오늘 저는 먹을 것 걱정, 입을 것 걱정

노후 걱정, 자녀들 걱정, 집 걱정, 차 걱정……

온통 육신에 속한 걱정만 하면서 살았습니다.

주님!

성령을 따라 사는 사람은

성령에 속한 것을 생각한다고 했는데

주님을 생각하고, 주님을 그리워하고,

주님을 기다리고, 주님을 사모하면서

온통 주님으로 가득 찬 삶을 살고 싶습니다.

주님!

육신을 쳐서 곤고하게 하며

육신에 속한 소욕을 모두 버리고

이제는 성령에 속한 거룩을 따라

성령의 열매를 주렁주렁 맺으며
성령의 사람으로 살아가게 하여 주시옵소서.

기도

번파(飜波) 이호연

죄인 된 우리에게
기도의 영을 허락해주심에
감사하나이다.

세상 열락(悅樂) 좇아
간구하지 않게 해주시고
하나님의 의와 영광 위해
간구하게 하소서.

자족의 영 허락해주시어
여호와로 인하여 즐거워하며
하나님으로 인하여 기뻐하게
하소서.

이미 응답해주신 간구를
인내로 오래 참으며
감사함으로 기다리게
하소서.

기도로 천국 지경(地境)이
넓혀지게 해주시고
하나님의 의와 평강과 희락이
충만하게 해주소서.

왼뺨 돌리기

한완상

평화의 주님!
황량했던 팔레스타인 땅에서
힘없는 민초들에게 인격의 존엄과
그 당당함을 깨우쳐주신
우리 예수님!

당신의 그 해학과 풍자를
하나님의 음성으로 들을 수 있는
영의 귀를 허락하소서.
저희들의 귀는
너무나 오랫동안 교회 전통을 듣느라
어두워져버렸습니다.
저희들의 눈은
너무나 오랫동안 값싼 종교적 축복을 찾느라
시력을 잃어버렸습니다.
저희들의 머리는
너무나 오랫동안 기독교적 관례를 따르느라
우둔해졌습니다.

그리하여 오늘의 로마 제국의 교만한 횡포 앞에서
왼뺨 돌려댈 용기도 없고
겉옷까지 벗어줄 배짱도 없고
십 리까지 걸어갈 힘도 없나이다.
아니, 그것의 중요성을 깨닫지도 못하나이다.

주여!
성령으로 깨달아 힘을 얻어
당신처럼 느끼고 생각하고 행동하게 하소서.
십자가에 달려 죽으시고 부활하시어
'왼뺨 돌리기'의 그 감동적 모범을 보여주신
예수님의 이름으로 기도 드리나이다. 아멘.

새날이 밝으니

강선영

이제 새날이 밝았습니다, 주여.
나를 당신께 드립니다.
나를 받아주소서.

나를 주님의 손에 올려드립니다.
성령이 내 안에서 역사(役事)하소서.
내 평생에 주만 따르리니
주의 도구로 나를 사용하여 주소서.

6

신앙 고백

말없이 당신께

한희철

말 너머 계신 당신께
말로써 나아가는 게
늘
어렵습니다
저녁 어스름
강물 거슬러
제 집으로 돌아가는
물새처럼
말없이도
당신께 가는 길을 배우고 싶습니다

필요

최용우

주님!
모든
살아 있는 것들에게는
산소가 필요하고
사랑이 필요합니다.

주님!
저도
이 세상을 살아가기 위해
주님이 필요하고
사랑이 필요합니다.

송영

이향아

당신은
내 마지막 깃발입니다
영원입니다.
내 나라요 권세요, 영광
아, 영광입니다
사통오달(四通五達)의 길이며 진리
그리고 생명
그 큰 그늘에 나를 숨기시고
나를 끝없이 부활시키십니다

내 기도를 들어주소서
달변의 방종을 꺾어주소서
망언의 어리석음을 파묻으소서
어눌하고 머뭇거림을 책벌하소서
나라와 권세와 영광
세세(世世) 무궁
아멘, 아멘

멀리 있기

유안진

멀어서 나를
꽃이 되게 하는 이여
향기로 나는 다가갈 뿐입니다

멀어서 나를
별이 되게 하는 이여
눈물 괸 눈짓으로 반짝일 뿐입니다

멀어서 슬프고
슬퍼서 흠도 티도 없는
사랑이여

죽기까지 나
향기 높은 꽃이게 하여요
죽어서도 나
빛나는 별이게 하여요

당신 앞에만 서면

권태원 프란치스코

당신 앞에만 서면
아직도
내가 살아 있음에 감동합니다

당신 앞에만 서면
아직도
내가 죄인인 것을 느낍니다

당신 앞에만 서면
아직도
내가 목마른 것을 고백합니다

꽃나무

김소엽

당신이
해맑게 웃으시면
나는 한 송이
꽃으로 핍니다

당신의 화안한 미소마다
꽃망울 맺히고
당신의 결 고운 눈매
닿는 자리마다
잎이 돋습니다

사랑은
마른나무에 꽃을
피우는 일

나는 당신이 죽어서
생피로 쏟아 피운
한 그루
꽃나무입니다

분신

차옥혜

님이여
내 애간장 다 태웠어도
길 어두워 못 오신다니
남은 살과 뼈마저 불 질러
천년을 순간으로 사는
불꽃이 됩니다.
불꽃이 눈부신 길로
봄바람처럼 오소서
마침내 꽃잎 지듯
내 살과 뼈 재가 되어
님이 밟을 땅
웅덩이를 메우며 스러져도
이 세상 끝날에도 타고 있을
내 불꽃 넋은
님 속에 집을 지으리니
님이여
눈 짓무른 나는
당신을 향하여

지금 황홀한

불꽃이 됩니다.

7

섭리

모자람도 지나침도 없는

한희철

꽃을 위한 마음인지
며칠째 환하더니

잎을 위한 마음인지
며칠째 비 옵니다

모자람도 지나침도 없는 손길
우리에게도 베푸소서

물 칼

차옥혜

님이여

당신이 있어 비바람 치는 밤에도

아침을 믿습니다

당신의 맨몸에

뚝뚝 잘려나가는

시퍼런 쇠칼들

그래서

안개 속에서도

풀꽃들은 피고 집니다

가뭄에도

풀벌레들은 노래합니다

눈보라에도

바다로 가는 강이 있습니다

최루가스 자욱하여도

새들은 그 하늘을 떠나지 않습니다

님이여

밤낮으로

세상 밭을 갈고 있는 님이여

만나기 전부터 날 사랑하셨다지요

최옥

내가 지구라는 별에서
한 점 먼지로 떠돌 때부터
당신은 날 향해 서 있었다지요

그런 당신을 느끼지 못하고
무심코 스쳐갈 때도 당신은 내 곁에서
고운 시선 거두지 않았다지요

내가 당신과 반대 방향으로 갈 때면
당신은 내 뒷모습 멀어지지 않도록
나를 따라 오셨다지요

당신만이 참사랑인 줄 모른 채
내가 진흙 속에 발을 디디면
스스로 당신 가슴에 못을 박으시고
나를 기다려주셨다지요

내가 당신을 알기도 전에

당신이 나를 만나기도 전에

이미 날 사랑하고 계셨다지요

치유를 위한 기도

권태원 프란치스코

내가 만약 천만 번을 달아나도
당신은 나를 말없이 기다립니다.

믿음의 큰 나무가 되어
흐르는 물소리로
내가 다시 돌아올 때까지
당신은 나를 위해 기도하고 있습니다.

내가 만약 사랑할 시간이 많지 않아도
당신은 처음처럼 나를 위해 기도합니다.
아무도 밟지 않은 눈 내리는 들판에 올 때까지
당신 안에서
이제야 내가 열리고 있습니다.

당신의 숲 속에서
내 영혼에 등불을 밝히고 있습니다.

8

창조와 구원

바다를 위한 기도

이성교

너무 넓어
머리를 기댈 수 없습니다
엄청난 그 속까지
헤아릴 수 없습니다
그 평화의 얼굴
항상 새파란 얼굴이게 하소서
속까지 울렁이는 파도이게 하소서
가끔 가슴에
돋아나는 섬
꿈이게 하소서
온갖 기도의 꽃이
산호처럼 열리게 하소서

병아리처럼

최용우

주님!

저도 병아리처럼

물 한 모금 머금고

하늘 한 번 쳐다보고

모이 한 개 찍어 먹고

하늘 한 번 쳐다보고

주님!

저도 병아리처럼

엄마 닭 따라가다

하늘 한 번 쳐다보고

꽃에게 인사하고

하늘 한 번 쳐다보고

사월

차옥혜

아지랑이 삼킨
황사 바람에
눈
못 떠도
나는
하늘을
봅니다

길을 막고 선
가시나무에
피 흘려도
어서 건너와
당신의 몸
찔린 상처마다
피어난 꽃을 보라는
나는
당신의 소리 없는 목소리를
듣습니다

가을 산길

나태주

맑은 바람 속을 맑은 하늘을 이고
가을 산길을 가노라면
가을 하나님,
당신의 옷자락이 보입니다.

언제나 겸허하신 당신,
그렇습니다.
당신은 한 알의 익은 도토리알 속에도 계셨고
한 알의 상수리 열매 속에도 계셨습니다.
한 알의 개암 열매 속에도 숨어 계셨구요.

언제나 무소유일 뿐인 당신,
그렇습니다.
당신은 이제 겨우 세 살배기 어린아이의 눈빛을 하고
수풀 사이로 포르릉 포르릉
날으는 멧새를 따라가며
걸음마 연습을 하고 계셨습니다.

주님이 오신 후

최용우

주님!
주님이 안 계신 내 마음의 집에는
정욕, 명예욕, 탐욕, 물욕
교만, 자만, 오만, 거만으로 가득 찬
아주 더럽고 불결하고 냄새나고 살기 싫은
귀신 나오는 집이었습니다.

주님!
주님께서 어느 날
내 마음의 집에 불쑥 찾아 오셔서
청소를 하기 시작하셨지요.
쓸고 닦고 긁고 칠하고
꽃을 심고 나무를 심고

주님!
주님이 사시는 내 마음의 집에는
사랑, 기쁨, 감사, 행복
양보, 헌신, 희생, 웃음으로 가득 찬

아주 깨끗하고 상쾌하고 향기 나고 살기 좋은
주님이 사시는 집이 되었습니다.

침묵 기도

용혜원

우리의 얼굴에 삶의 모습이 드러나오니
삶에서 미소를 잃지 않게 하소서

남을 대할 때 표정이 너무 굳어지거나
일그러져 짜증나는 모습으로 대하지 않게 하소서

주님께서 내 마음에 따스함으로 다가오듯이
나 또한 타인에게 친절함으로 대하게 하소서

형식적으로 사람을 만나지 말고
가슴으로 따뜻하게 만나게 하소서

한 번의 미소가 사람들의 마음을 편하게 하고
오랫동안 좋은 기억으로 기억됨을 알게 하소서

다른 사람의 미소가 나에게 편하고 따뜻함처럼
나도 타인에게 미소로 대하게 하소서

삶이 지치고 어려운 순간에도 주님의 구원의 감격으로
삶에서 미소를 잃지 않게 하소서

내 삶의 빛깔을 바꾸는 당신은 누구십니까

김민소

당신을 몰랐을 땐
겨울 들판의 나목이 되어
퍼붓는 눈발을 안으로 안으로
삭혀야 했던 시간이었습니다

어쩌면
빛을 삼켜버린 어둠 속에
새벽을 기도하며 몸부림쳤던 날들

그러나
당신을 알았을 땐
사위어버린 영혼의 밭에
스며드는 들꽃들의 웃음소리

숯덩이 가득한 육신에
초목이 어깨동무를 해주더이다

그런 당신이

사랑을 느끼게 해주었을 땐
세상은 금빛 물결로 출렁거리고

그런 당신이
사랑을 품게 해주었을 땐
삶은 가장 아름다운 시(詩)라고 하더이다

이제
내 기쁨과 슬픔은 당신이 바꾸고 있습니다
내 희망과 절망도 당신이 엮어가고 있습니다

내 삶의 빛깔을 바꾸는
당신은 도대체 누구십니까

9

의탁

주여, 저는

나태주

주여, 저는 사랑하고
괴로워하나이다.
괴로워하고 또
사랑하나이다.

장독대에 즐비한
장독들
가운데서도 금이 가고
귀 떨어진 소금 항아리,

고쳐 쓰시든지
버리시든지
뜻대로 하소서.

뿌리

이현주

주님,

바람이 불 때마다

흔들리는 저를 봅니다.

그래도 주님,

저 걱정하지 않습니다.

제 뿌리가

당신 품에

박혀 있으니까요.

그냥,

고마울 따름입니다.

당신의 피리

이향아

나로 하여금
당신의 피리를 삼으소서

맺힌 시름은 풀어서
산 넘어 보내고
노여움은 눌러서
잦아들게 하소서

당신을 사랑하는
나의 자랑만
봄풀처럼 봄풀처럼
일으키소서

나로 하여금
당신의 피리가 되게 하소서

가슴은 비워 꽃그늘도 지고
기다리는 노래로 출렁이게 하소서

당신에게 대답하는
맑은 옥피리
예, 예, 대답하는
순한 옥피리

나로 하여금
당신의 피리를 삼으소서

막대기

최용우

주님!
저는 주님의 막대기입니다.
저를 분질러 불을 때는 데 사용하시든
사람을 때리는 데 사용하시든
지게를 바치는 작대기로 사용하시든
지팡이로 사용하시든
아니면 개똥을 치우는 데 사용하셔도
저는 그저 주님의 막대기입니다.
주님의 손에 들려
쓰임 받는 것만으로도
너무 기뻐 어쩔 줄을 모르는
저는 주님의 막대기입니다.

10

인도와 보호

좁은 길로 인도하소서

용혜원

어두운 골목
후미진 골목에서 방황하지 않게 하소서
길이요 진리요 생명이신
주님께서 인도하시는
좁은 길로 가게 하소서

그 길이 우리의 눈과 겉보기에는
좁은 길일지라도 들어서면
이 세상에서 가장 넓은 길
사랑과 진리가 충만하고
소망이 충만한 길이오니
좁은 길로 인도하소서.

당신만 따라가게

이현주

주님,
당신을 따르겠다면서도
제 눈은 이리저리
한눈팔고
지난 일 돌아보느라고
쓸데없이 바쁩니다.
이 노릇을
어찌해야
할는지 모르겠어요.

주님,
무슨 일을 당하든지,
누구를 만나든지,
저로 하여금
앞에 가시는 당신을
놓치지 말고
당신만 바라보며
따라가게
도와주십시오.

나를 몰아가시는 당신

한희철

당신은 나를 몰아가십니다
휘몰아가십니다
익숙하고 편안한 집을 떠나라 하십니다
내일을 짐작할 수 있는 둥지를 떠나라 하십니다
눈 감고도 갈 수 있는 길을 벗어나라 하십니다
멀리서도 누군지 알 수 있는 사람들을 등지라 하십니다
또 하나의 광야
인적이 없는 길
그 길을 걸으라 하십니다
모래바람 속에 웃음으로 계신 당신
모래바람 헤치느라
행여 당신 지나치는 일 없게 하소서

신호

최용우

주님!
자동차 운전을 하면서
신호등이 얼마나
중요한지 알았습니다.
빨간등은 서라는 신호
녹색등은 가라는 신호
화살표는 돌아가라는 신호
신호를 꼭 지키면
모두 모두 안전합니다.

주님!
제 마음속에도
신호등이 있습니다.
맘 놓고 가라는 녹색등
잠시 기다리라는 빨간등
다른 쪽으로 돌아가라는 화살등
기도할 때마다 주님은
선명하고 확실하게
내가 가야 할 방향을 알려주십니다.

목자여

이향아

한 발만 삐끗하면
사방 낭떠러지
칼발을 세워
줄을 탑니다

사는 것이 모두
허물이라고
옷을 벗듯 때를 밀듯
묻어나는 진토

새벽마다 태어나
밤새 어긋난 목숨의 톱니를
맞춥니다
내 잠결은 어지러운
태형의 수라장

나의 목자여
나를 흔들어 일으키소서

시인들을 위한 기도

이인평

영원한 시인이신 예수님,
주님을 본받으려는 시인들을 지켜주시어
어느 누구도 그들을 해치지 못하게 하소서.

주님의 영광스러운 시경(詩境)에 올라
날마다 주님의 성심과 찬미를 이루는 시인들을
언제나 맑고 아름답게 이끌어주소서.

주님의 뜨거운 사랑으로
시인들을 세파에 넘어지지 않도록 지켜주소서.

시인들이 구하는 모든 영성에 강복(降福)하시어
언어의 풍부한 감동을 전하게 하시고

저희로 말미암아
세상에서는 그들이 더없는 기쁨과 위안을 얻고
천국에서는 찬란히 빛나는 영광을 누리게 하소서.
아멘.

시편 23편으로 드리는 기도

정태기

야훼는 나의 목자이시니
내가 걱정하고 근심하고 불안하고
긴장하고 안달복달하고
시기하고 질투할 필요가 전혀 없나이다.

나로 하여금 푸른 초장(草場)에 편안히 누워
파란 하늘 쳐다보면서 실컷 쉬게 하시고
잔잔한 물가로 인도하셔서
영적으로, 정신적으로, 육체적으로 일어나는
모든 갈증을 다 해소시켜 주시나이다.

내가 피곤에 지쳐 있을 때
주님께서는 나를 품에 안으시고
나에게 주님의 생기를 불어넣어주시니
내가 일어서나이다, 뛰나이다,
춤을 추나이다, 노래를 부르나이다.

내가 잘못된 길로 들어서면

주님은 목숨 걸고
나를 올바른 길로 인도하여 주십니다.

이렇게 험악한 세상을 살면서도
내가 날마다 감사하면서 사는 것은
주의 막대기와 지팡이가
내게 다가오는 모든 위험과 어려움을
다 막아주고 물리쳐주시기 때문입니다.

얼마나 많은 사람들이
내가 넘어지면 좋아하고
내가 자빠지면 춤추고
내가 쓰러지기를 바라는데,
주님은 그 사람들이 보는 눈앞에서
나를 위해 큰 잔치를 베푸시고
내 머리에 기름을 부으시니
내 잔이 넘치나이다.

평생에 선함과 인자하심이
언제나 나와 함께 있으리니
내가 야훼의 집에서 영원히
평안을 누리면서 살아가리로다.

11

은혜와 축복

모래 한 알

정연복

나는 당신의 끝없이
너른 백사장(白沙場)

이름 없는
모래 한 알입니다

당신의 은총의 햇살
늘 비추어주소서.

축복

천양희

고통이 바뀌면
축복이 된다기에
그 축복 받으려고
내가 평생이 되었습니다
얼마나 나는 삶을 지고 왔을까요?
절망을 씹다 뱉고
희망을 폈다 접는
그것이 고통이었습니다
그 고통 누가 외면할 수 있을까요?
외면할 수 없는 삶
그게 바로 축복이었습니다

놀라운 은총

홍수희

때로 내 영혼이
당신의 말씀에
"네"라고 대답을 하네

이상한 일이네,
내가 알아듣지
못한 말씀을
내 영혼은 알아듣고
"네"라고 하네

이상한 일이네,
내가 이해하지
못한 말씀을
내 영혼은 알아듣고
"네"라고 하네

내 귀는
아무것 들은 것 없고

내 육신 이렇게
깜깜하기만 한데

머리 위에 어깨 위에
눈송이처럼
비둘기 깃털처럼
사뿐히 내려앉는
당신의 말씀

신비로운
당신의 사랑,
놀라운 은총이여!

행복

손광세

얼마나
은혜로운지 모르겠습니다.

우러르면 우러러볼수록
빗장 푸는 하늘이 있고

모두가 내 것인
넉넉한 황금 들판이 있습니다.

귀를 열면 쏟아져 들어오는
영롱한 풀벌레 소리.

빈 바구니 가득 채우는
들꽃의 향기.

어디선가 불쑥 나타나
팔짱 끼는 소녀도 있습니다.

언제나 내 곁에 머무는
빛나는 오늘이 있고

어김없이 찾아오는
황홀한 내일이 있어

근심도 소중하고
가난도 오히려 사랑스러워지는

샘물처럼 차오르는
이 넘치는 행복.

어떻게
감사해야 할지 모르겠습니다

은총을 위한 기도

권태원 프란치스코

숲 속의 호수처럼 지금 이 시간에는
고요한 마음으로 기도하고 싶습니다.
밖으로 밖으로만 자꾸 흩어지고 있는 마음을
안으로 끌어들일 수 있는
당신의 고요함을 나에게 주십시오.

산처럼 바다처럼
넓은 마음으로 기도하고 싶습니다.
어린아이와 같은 천진한 마음으로
당신에게 고백하고 싶습니다.

밤새 내리는 흰 눈처럼
당신의 순결한 마음을 나도 지닐 수 있도록
도와주십시오.

좀 더 넓게 용서하고
좀 더 깊게 사랑할 수 있도록
내 마음을 활짝 열어주십시오.

나를 붙드시네

이향아

혼자서 큰 밤을 건넙니다
내 지팡이는 사막에 던져두어도
향내 나는 상록수
거대한 지혜의 기둥나무
형형한 눈빛 대낮처럼 밝혀
키우시네
나를 붙드시네

살수록 쌓이는
내 남루를 덮으시려고
시험보다 깊고 너그럽게 하시려고
다만 악에서 건지시려고
나를 붙드시네
나를 건지시네

12

참회와 용서

키

유안진

부끄럽게도
여태껏 나는
자신만을 위해 울어왔습니다.

아직도
가장 아픈 속울음은
언제나 나 자신을 위하여
터져 나오니

얼마나 더 나이가 먹어야
마음은 자라고
마음의 키가 얼마나 자라야
남의 몫도 울게 될까요

삶이 아파 설은 날에도
나 외엔 볼 수 없는 눈
삶이 기뻐 웃는 때에도
내 웃음소리만 들리는 귀

내 마음 난쟁이인 줄

미처 몰랐습니다

부끄럽고 부끄럽습니다

모든 순간이 꽃봉오리인 것을

정현종

나는 가끔 후회한다.
그때 그 일이
노다지였을지도 모르는데…….
그때 그 사람이
그때 그 물건이
노다지였을지도 모르는데…….
더 열심히 파고들고
더 열심히 말을 걸고
더 열심히 귀 기울이고
더 열심히 사랑할 걸…….

반벙어리처럼
귀머거리처럼
보내지는 않았는가.
우두커니처럼…….
더 열심히 그 순간을
사랑할 것을…….
모든 순간이 다아

꽃봉오리인 것을,

내 열심에 따라 피어날

꽃봉오리인 것을!

잊으소서

이향아

내 죄를 기억하지 마옵소서

고개를 반 뼘만 숙여도
보입니다
겉절은 푸성귀 같은 내가 보입니다
간국이 다 배지 못해서 거들거리는
초록밭으로 도망치는
내가 보입니다

벽공(碧空)에 던져진 티끌 하나
깊은 잠 속에 죽은 듯이 구부린
티끌 같은 씨앗 하나
내가 보입니다

돌밭 가뭄에 그리고 폭풍우에
가시나무로 자랍니다
쇠가죽보다 질긴
희망으로 견딥니다

기억하지 마옵소서,
잊으소서

흰빛으로 바래든지
검은빛으로 익히든지
기억하지 마옵소서
잊으소서

눈물의 소원

정용철

나를 당신 앞에서 드러내소서.
나의 거짓과 위선,
게으름과 안일함,
욕심과 교만을 다 드러내소서.

그러므로 당신 앞에서
노란 병아리처럼 울며 떨게 하소서.

지금까지 내가 한 일은 당신을
속이기 위해 나를 감추는 일뿐이었습니다.

내게 몇 방울의 눈물이 있다면,
한 방울은 나를 위하여,
한 방울은 나로 인해 상처받은 사람들을 위하여,
또 한 방울은 그 많은 사랑의 기회를 주고도
내가 깨닫기 전에 돌아가신 어머니를 위해
흘리게 하소서.

그래도 한 방울이 남아 있다면 누군가의 눈물을
이것으로 대신하게 하소서.

지금 내가 할 수 있는 일은 한 방울 한 방울의
눈물로 나를 씻어 엄마 품의 아이처럼
순결하게 당신을 바라보는 일입니다.

기도

공석진

주여,
저는 죄인이옵니다.

불의를 보면서도 침묵하였고
상처받은 자를 위로하지 못하였으며
외로운 자에게 곁을 내어주지 않았고
심약한 자에게 힘을 주지도 못했습니다

소외당하는 자에게 관심을 주지 않고
오히려 덩달아 허물을 지적하였으며
불을 밝히는 데 있어서 기름이 되지 않고
등잔만을 소유한 채 온갖 자랑을 해댔습니다

둘로 편을 갈라 하나 되지 못하였고
사소한 일에도 불같이 화를 내어
해가 질 때까지 분을 삭이지 못하여
타인에게 씻지 못할 한을 맺히게 하였습니다

대가를 바라고 인정을 베풀었고
자만심으로 스스로 발목을 잡아
남의 모자람을 냉소하였으며
그런 칠흑 같은 암흑 속에서 절망하였습니다

다시는 돌아오지 않을 오늘을 감사히 여기며
내일을 맞이하여, 어제를 돌아보며
결코 후회하지 않도록
그리하여 오늘 하루 곧게 걸어갈 수 있도록

주여
찢어진 가슴에 사랑의 불을 놓아주시옵소서.

용서를 위한 기도

홍수희

내가 누군가를
용서해야 한다고
생각될 때에는
먼저 내
누구에겐가
용서받아야 할 일을
기억하게 하소서

내가
내 마음의 상처에
연연할 때에는
먼저 내가
네게 준 상처를
되새기게 하소서

너를 누름으로
내가 위에 선다는
황당한 믿음에
어우러져 완성되는

사랑의 진리를
알게 하소서

좋은 일도
때로는 궂은 일도
저마다 향기가 되어
너와 나의 삶을
풍요롭게 하고

슬픔과 분노가
나에게는 스승이 되고
기쁨과 즐거움이
나에게는 위안이 되어

네가 있음으로
내가 여기 있다는
내가 있음으로
네가 거기 있다는

언제나 자연스런
그 비밀을 우리는
너무 자주 잊지
않게 하소서

고해성사

허형만

나는 오늘도 나의 신부님 앞에서 고해성사를 하네
내가 나를 가둔 죄 나의 이웃을 가둔 죄
내가 나를 욕한 죄 나의 이웃을 욕한 죄
내가 나를 배신한 죄 나의 이웃을 배신한 죄
나는 오늘도 나의 신부님 앞에서 고해성사를 하네
내가 나의 가슴을 닫은 죄 나의 이웃의 가슴을 닫게 한 죄
내가 나의 눈빛을 흐린 죄 나의 이웃의 눈빛을 흐리게 한 죄
내가 나의 입술에 피 묻힌 죄 나의 이웃의 입술에 피 묻히게 한 죄
나는 오늘도 나의 신부님 앞에서 고해성사를 하네.

13

나를 위한 기도

작은 기도

이현주

주님,
제 눈을 열어주시어
당신의 속 모습을
바로 보게 하시고,
그대로 닮고자 애쓰는
인생이 되게 하소서.
그것 말고는
바라는 게 없는,
마음이 가난뱅이가
되게 하소서.

엉터리 시인의 기도

서정홍

이 세상에 사는 동안
시를 쓰는 일보다
땀 흘려 일하는 기쁨으로 살게 하시고
땀 흘려 일해도
기쁨이 없는 사람들을 생각하게 하소서
사람을 사랑하고
사람을 사랑하는 만큼
사람들이 무심히 밟고 지나쳐버린
키 작은 들풀 한 포기 눈여겨보게 하소서
물이 흐르듯이
생각은 깊고 낮은 곳으로 스며들게 하시고
낮은 곳에서도 희망을 잃지 않게 하소서
그리고 열심히 살아온 사람들 앞에서
시를 쓰는 일이 늘 부끄럽게 하소서
참으로 부끄럽게 하소서

빈 잔

차옥혜

채우지 마소서

비어 있기에
충만한 평안을
그대로 머물게 하소서

비어 있기에
꿈꿀 수 있고
내 안에
햇빛과 달빛이 쉬어 가고
바람도 노래하다 떠나며
빗물이 빗물로 고이고
눈이 눈으로 쌓일 수 있음을
기뻐하게 하소서

비어 있기에
온전한 사랑일 수 있음을
감사하게 하소서

끝내 비어 있도록
용기를 주소서

나를 위한 기도

안성란

많은 것을 가지지는 않았지만
가진 게 없다고 슬퍼하지 말게 하시고
많이 배우진 못했지만
타인에게 숨기려 하지 않게 하소서.

가진 게 없어
열심히 살아가는 부지런함으로 살게 하시고
배운 게 없어
타인의 말을 내 것으로 만들게 하소서.

사람의 모습으로
값어치 있게 살아야 하는
지혜를 높이 쌓게 하시고
타인을 기분 좋게 할 수 있는
작은 기회를 놓치지 않도록 도와주시고
두 개의 문을 닫아 놓고
듣는 법을 잃어버리지 않게 하소서.

돈으로 살 수 없는

미소를 잃지 않게 하시고

친절한 행동으로

타인을 편안한 마음이 되도록 노력하게 하시고

좋은 말로 비싼 가치를 하는

마음이 머무는 동산에

사랑으로 고운 꽃을 심어 놓게 하소서.

하나님, 나를 좀 더

이향아

하나님
나를 좀 더 어리석게 해주세요
맨낮 쳐들고
먼 산 바라 누워도
부끄러움 모르는
허허로운 강물
끄덕이며 흘러가는
순순한 강물이게

남의 미움 눈치 못 채
원수진 일 없고
타산이 어긋나도
속으며 살게

하나님
나를 좀 더 더디더디 해주세요
칼빛인지 별빛인지
따지지 않고

숨구멍 트였으면
감싸 안아서
내 속엣말 삭아서
단술처럼 고이게
천둥 번개 가락 맞춰
춤이랑 추게

하나님
나를 좀 더
따스하게 해주세요

나를 변화시키는 기도

권태원 프란치스코

어떻게 살아야 할지 모를 때,
고통과 불안 속에서 방황하고 있을 때
당신은 나에게 평화가 되어 나를 찾아오십니다.

말로는 다 표현하지 못하는
나의 기도를 들어주시는 당신이여.
당신이 나와 함께 계시는 것만으로도
나는 얼마든지 행복합니다.

사랑하고 또 사랑한다는 것이
얼마나 실천하기 힘든 것인 줄 알면서도
당신의 뜻에 순명하겠습니다.

용서하고
또 용서한다는 것이
얼마나 고통스러운 것인 줄 알면서도
당신 은총의 촛불을 밝히며 기도하겠습니다.

비만

한억만

주여,

목욕탕 저울에 올라갈 때마다

꼭 심판당하는 느낌을 갖습니다.

조금이라도 늘어나면

옐로우 카드를 받는 것처럼 기분이 언짢아지지만,

줄어들면 이유 없이 기분이 좋아집니다.

육신의 비만도 우리의 삶을 이렇게 좌우하는데,

내 영혼의 비만은 어떠할까요.

저울 앞에 올라가듯

날마다 주 앞에 서서 나를 달아보게 하소서.

세상에서는 무게가 적을수록 좋지만,

주님 나라에선 열매로 가득 찬 모습으로 서게 하소서.

흐르는 강물처럼

정용철

나를 흐르게 하소서.

시작은 작고 약하지만 흐를수록 강하고 넓어져

언젠가 바다에 이를 때 그 깊이와 넓이에 놀라지 않게 하소서.

나를 흐르게 하소서.

어느 때는 천천히, 어느 때는 빠르게, 어느 때는 바위에 부딪히고

어느 때는 천 길 낭떠러지에 떨어진다 해도

변화와 새로움에 늘 설레게 하소서.

나를 흐르게 하소서

그러므로 강가의 땅을 비옥하게 하여 그곳의 식물들이

철을 따라 아름답게 꽃 피우고 좋은 과일을 풍성히 맺게 하소서.

나를 흐르게 하소서

그러므로 내 등에 나룻배를 띄워

사람들의 삶과 사랑이 끊임없이 오가게 하소서.

나를 흐르게 하소서
그러므로 모든 것을 받아들여도 내 안이 썩지 않게 하시고,
나아가 늘 새로운 사랑의 이야기를 만들게 하소서.

나를 흐르게 하소서
그러므로 지나온 길에 대한 미련을 버리고
새날은 새 길의 기쁨으로 걷게 하소서.

내가 살 집을 짓게 하소서

이어령

내가 살 집을 짓게 하소서
다만 숟가락 두 개만 놓을 수 있는
식탁만 한 집이면 족합니다.

밤중에는 별이 보이고
낮에는 구름이 보이는
구멍만 한 창문이 있으면 족합니다.

비가 오면 작은 우산만 한 지붕을
바람이 불면 외투 자락만 한 벽을
저녁에 돌아와 신발을 벗어 놓을 때
작은 댓돌 하나만 있으면 족합니다.

내가 살 짓을 짓게 하소서
다만 당신을 맞이할 때 부끄럽지 않을
정갈한 집 한 채를 짓게 하소서

그리고 또 오래오래

당신이 머무실 수 있도록
작지만 흔들리지 않는
집을 짓게 하소서.

기울지도
쓰러지지도 않는 집을
지진이 나도 흔들리지 않는 집을
내 영혼의 집을 짓게 하소서.

나를 위한 기도

정연복

나는 당신이 지으신 광활한 우주 속
한 점 먼지 같은 존재임을 알게 하소서

당신이 어여삐 보시는 이 목숨
금쪽같이 여기게 하소서

삶의 기쁨과 행복, 슬픔과 고통
모두 당신의 선물로 생각하게 하소서

내 생명의 시작과 끝에
당신의 손길 있음을 잊지 않게 하소서

14

지혜

지혜를 구하는 기도

정연복

이 세상은 헤아릴 수 없는
신비로 가득함을 늘 기억하게 하소서

그 신비를 하나하나 깨달아가는
소박한 기쁨과 즐거움을 맛보게 하소서.

명석한 두뇌와 차가운 이성보다는
따뜻한 가슴과 풍부한 감성으로

많은 복잡한 지식을 뽐내지 말고
단순하고 깊은 삶의 지혜를 소망하게 하소서.

아직은 잘 모르는 것을
솔직히 모른다고 말할 수 있는 용기

그리고 이미 알고 있는 것도
다시금 생각하는 신중함을 주소서.

참되고 성숙한 지혜에 이르는 길은
한평생이 걸린다는 것

토끼의 약삭빠름이 아니라
느릿느릿 거북이의 길임을 잊지 않게 하소서.

지혜의 영을 내려주옵소서

한성국

하나님,
우리에게 지혜를 주옵소서.

씨앗을 보고 나무를,
알을 통해 새를.
고치에서 나비를 보듯,
구름과 바람을 통해 날씨를 알듯이,

내 앞의 사소한 일에서
주님의 음성을 듣게 하소서.

교회들의 이런저런 일에서
주님의 마음을 깨닫게 하소서.

우리 주위에서 일어나고 있는
크고 작은 일에서
주님의 계획을 알게 하소서.

나를 향한, 우리를 향한, 교회를 향한, 이 땅을 향한
하나님의 그 깊은 뜻을 보게 하소서.

주님, 이 성령강림절에
지혜의 영을 내려주옵소서.
그리하여 하나님의 지혜로
우리의 영의 눈을 밝히시어
주님의 교회로 할 일이
무엇인지를 알고,
주님의 제자로 사는 삶이
행복하고 즐겁게 하옵소서.

지혜의 기도

정용철

물을 얻기 위해
샘에 가면 샘물을 길어 올립니다.
그때
샘물만 길어 올리지 말고
지혜도 같이 길어 올리도록 하소서.

갈 곳을 가기 위해 길을 걷습니다.
그때
길의 목적지만 생각하지 말고
내 인생의 목적지도 함께 생각하게 하소서.

정상에 오르기 위해 산을 오릅니다.
그때
산을 오르는 고통만 참지 말고
내 삶의 어려움도 함께 극복하도록 하소서.

친구를 만나기 위해 찻집에서 기다립니다.
그때

친구만 기다리지 말고
내 마음이
진정 기다리는 것이 무엇인지도 알게 하소서

비가 올 것인가를 알기 위해 하늘을 바라봅니다.
그때
구름만 보지 말고
내 삶에도 구름이 끼고
비가 내릴 때도 있으리라는 것을 깨닫게 하소서

반짝이는 별을 보기 위해 어두운 밤하늘을 봅니다.
그때
별만 찾지 말고
절망 속에서도 일어나는 내 희망도 찾도록 하소서.

나는 지금 다시

이향아

나는 지금 다시
잠들려고 합니다
일몰의 그늘에서 깃발을 내리듯
순순한 육신을
꽃가지처럼 드리우고
활개 쳐서 갈 수 없는
요요한 꿈속으로
새털같이 즐겁게
떠나려고 합니다
사실, 지금 다시 잠들지 않아도
나는 사철 잠들어 있었습니다
눈뜬 자의 지혜에
불을 켜지 못하고
산 자의 고요가
독약보다 슬프게 퍼지는 것을
장승처럼 그냥 서서
보았습니다
이제 새삼 잠든다는 것은

우스운 일입니다
이제 거듭 잠든다는 것은
무서운 일입니다
이 절정의 죄짓는 나를
흔들어주십시오
제발,
이 막판의 어리석은 나를
매질하여 주십시오.

마음을 다스리는 기도

이채

위를 보고
아래를 보지 못하면
불만이 싹틀 것이요
아래를 보고
위를 보지 못하면
오만에 빠질 것이요

밖을 보고
안을 다스리지 못하면
고요를 찾기 어렵고
앞을 보고
뒤를 되새기지 못하면
지혜를 구하기 어려울 터

모름지기
주변을 돌아보고
마음을 다스린다 함은
현명한 자의 덕목이라

부디

살아가는 그날까지

이 말만은 기억하게 하소서

15

믿음

겨자씨의 노래

강은교

그렇게 크지 않아도

돼.

그렇게 뜨겁지 않아도

돼.

겨자씨만 하면

돼.

겨자씨에 부는 바람이면

돼.

들을 귀 있는 사람은 알아들어라*

가장 작은 것에

가장 큰 것이 눕는다.

*성서에서 인용

새 1

차옥혜

당신의 얼굴을 본 일은 없어도
나는 당신을 압니다.
알 껍질을 깨고
어서 하늘을 날으라는
당신의 소리 없는 말씀을
나는 들을 수 있습니다.
거기 지구 밖
나를 품어 굴리는 당신을 사랑하기 때문에
미명의 수렁 밭을 빠져나와
알 껍질을 깨고
하늘을 날겠습니다.

당신

김소엽

찾지 않아도
언제나
먼저 와 계시는
당신.

홀로 있을 때만
울게 하시고
더불어 있을 때엔
웃게 하소서.

상한 심령으로
당신 앞에 서면
넉넉한 마음으로
채워주시고
온화한 미소로
달래주시는
당신.

물려줄 것

이현주

주님,
자녀들에게 무엇을
물려주어야 할까요?

무엇을 물려주어야
가장 소중한 것을
물려주는 것일까요?

많은 돈과 땅을
물려주지 못해도
하나님 향한 진실한
믿음을 물려주기를
원합니다.

자자손손 대대로
하나님을
잘 섬길 수 있는,
믿음의 본을
물려주게 하소서.

믿음

정연복

하늘의 해와 달과 별
모두 그분의 것

유월의 녹음(綠陰)과 새들의 지저귐
모두 그분의 것

저 우람한 산과 골짜기
모두 그분의 것

오고 가는 바다의 밀물과 썰물
모두 그분의 것

동녘의 햇살과 서녘의 노을
모두 그분의 것

피는 꽃과 지는 꽃
모두 그분의 것

생명의 빛과 그림자
모두 그분의 것

과거와 현재와 미래
모두 그분의 것

가난으로 나는

홍수희

가난으로 나는
당신을 얻겠습니다

땅뙈기도 없는 새가
하늘을 다 누리듯이

볼품없는 민들레가
햇볕을 다 누리듯이

못생긴 물고기가
바다를 다 누리듯이

나에게는 당신만이
주인이게 하겠습니다

당신만 내 곁에
계셔주시면

세상의 온갖 보배도
내 것이오니

당신만 내게 있으면
내 가난함이 어찌
가난이겠습니까

가난으로 나는
온 하늘의 별을
사겠습니다

가난으로 나는
온 누리의 주인이
되겠습니다

제가 주님을 믿는 것은

최용우

주님!
제가 주님을 믿는 것은
장난이 아닙니다.
한번 믿어보는 것도 아닙니다.
시간이 남아서도 아닙니다.
뭔가를 얻기 위해서도 아닙니다.

주님!
제가 주님을 믿는 것은
제 인생을 모두 건 것입니다.
제 생명을 담보한 것입니다.
제 미래를 포기한 것입니다.
제 모든 것을 다 바친 것입니다.

주님!
주님의 음성을 듣고 싶습니다.
주님의 품 안에서 살고 싶습니다.
주님의 나라에 가고 싶습니다.

주님과 함께 죽어도 좋습니다.

주여 주여 내 주여!

아멘이라고 하였습니다

이향아

나는 오로지 '아멘'이라고 하였습니다
그것이 단 하나의 소원이라고
그렇게 될 것을 믿는다고
우러러 약속하겠노라고
끝끝내 결심했노라고
나는 지금 흐느끼듯 아멘을 외칩니다

하늘 아래 부끄러운 일을 저지르고서
엎질러진 물을 주워 담을 수 없을 때
배웠던 천 마디 말을 다 잊어버리고
한 치 눈앞을 분간할 수 없을 때
나는 마지막을 고하듯
'아멘'을 부르짖습니다

아멘은 나의 방언,
나의 눈물,
내 어여쁨
아멘은 나의 칼,

나의 소금,

내 좁은 길

벙어리 되어, 소경이 되어

천지 분간 못하고 헤맬 때에도

나 '아멘', '아멘'할 줄을 알아

겨우 겨우 이만큼이라도 살아남았습니다

탕자의 노래

이어령

내가 지금 방황하고 있는 까닭은
사랑을 하기 시작했기 때문입니다.

내가 지금 헤매고 있는 까닭은
진실을 배우기 시작했기 때문입니다.

내가 지금 멀리 떠나고 있는 까닭은
아름다운 순간을 보았기 때문입니다.

지금 집으로 돌아갈 수 없는 것은
사랑을 알고 진실을 배우고
아름다움을 보았지만
나에게 믿음이 없는 까닭입니다.

나의 작은 집이 방황의 길 끝에 있습니다.
날 위해 노래를 불러줘요. 집으로 갈 수 있게
믿음의 빛을 주어요.
개미구멍만 한 내 집이 있기에
나는 지금 방황하고 있어요.

16

소망

등불이게 하소서

나태주

죽는 날까지 이 마음이
변치 말게 하소서
죽는 날까지 깨끗한 눈빛을
깨끗한 눈빛으로 바라보게 하소서
사랑하는 사람을 지키는
작고 가난한 등불이게 하소서
꺼지지 않게 하소서

여심

노천명

새벽하늘에
긴 강물처럼 종소리가 흐르면
으레 기도로 스스로를 달래는
그런 여인으로 살게 하소서

한 번의 눈짓
한 번의 몸짓에도
후회나 부끄러움이 없는
그런 여인으로 살게 하소서

즐거울 때 꽃처럼 활짝 웃음으로
웃을 줄 아는 웃을 수 있는
슬프면 가장 슬픈 표정으로 울 수 있는
그런 여인으로 살게 하소서

주어진 길에 순종할 줄 알며
경건한 자세로 기도 드릴 수 있는
그런 여인으로 살게 하소서

작은 개울

이향아

내 소망은 작은 개울
바다로 가며 신명이 나서
까불거리는 춤

세상 사는 일이 다
당신의 뜻인 것같이
흐르는 강도 되짚어
해일로 엎고
역풍으로 세월을 눈멀게 하듯이
갈릴리 물 위를 걸어가면서
뜻만 있으면
뜻만 있으면
이루심 같이

내 소망은 작은 개울
바다로 가며 신명이 나서
까불거리는 춤

내 기도하는 그 시간

표경환

하나님이여
이 몸의 남은 생애
주님 나라에 가기 전에
꼭 한 가지 소원을 이루게 하옵소서

이제껏 사느라
목에 걸린 슬픈 기억
저 너른 바다에 토해버리고
두 손 받들어 하얗게 씻는 마음
믿음의 열매로 심어두게 하옵소서

머물다 떠나는 자리
눈물자국 지워놓는 자리에
주님의 순전한 향기로 남겨두게 하옵소서

숨을 쉴 때마다

최용우

주님!

제가 숨을 들이킬 때마다

평화가 내 몸 속에

사랑이 내 몸 속에

온유함이 내 몸 속에

기쁨이 내 몸 속에

감사가 내 몸 속에

가득 들어오게 하소서

주님!

제가 숨을 내쉴 때마다

불안이 몸 밖으로

걱정이 몸 밖으로

미움이 몸 밖으로

원망이 몸 밖으로

슬픔이 몸 밖으로

다 나가게 하소서

두 가지만 주소서

박노해

나에게 오직 두 가지만 주소서
내가 바꿀 수 있는 것은 그것을 바꿀 수 있는 인내를
바꿀 수 없는 것은 그것을 받아들일 수 있는 용기를

나에게 오직 두 가지만 주소서
나보다 약한 자 앞에서는 겸손할 수 있는 여유를
나보다 강한 자 앞에서는 당당할 수 있는 깊이를

나에게 오직 두 가지만 주소서
가난하고 작아질수록 나눌 수 있는 능력을
성취하고 커나갈수록 책임을 다할 수 있는 관계를

나에게 오직 한 가지만 주소서
좋을 때나 힘들 때나 삶에 뿌리박은
깨끗한 이 마음 하나만을

마음이 가난한 자의 기도

용혜원

오 주님!
한 잔의 커피가 메마른 삶을
촉촉이 적셔주듯이
우리들의 삶도
주님의 사랑으로
적셔지기를 원합니다.

먼지 나고 푸석푸석한 삶에
휴식이란
참으로 고마운 시간입니다.
힘들고 분주한 삶에
쉼표를 찍어주는 시간입니다.

우리들 삶이 욕심대로
사는 삶이 아니라
나누고 베풀 수 있는
삶이 되기를 원합니다.

한 잔 가득할 때의
아름다움도 있지만
빈 잔의 여유와
아름다움도 있듯이
날마다 나눔 속에
우리의 마음을 비우게 하소서.

대한민국 국민의 소원시(所願詩)

이어령

벼랑 끝에서 새해를 맞았습니다.
덕담 대신 날개를 주소서.
어떻게 여기까지 온 사람들입니까.
험난한 기아의 고개에서도
부모의 손을 뿌리친 적 없고
아무리 위험한 전란의 들판이라도
등에 업은 자식을 내려놓지 않았습니다.

남들이 앉아 있을 때 걷고
그들이 걸으면 우리는 뛰었습니다.
숨 가쁘게 달려와 이제 젖과 꿀이 흐르는 땅이
눈앞인데 그냥 추락할 수는 없습니다.

벼랑인 줄도 모르는 사람들입니다.
어쩌다가 '북한이 핵을 만들어도 놀라지 않고
수출액이 3000억 달러를 넘어서도
웃지 않는 사람들'이 되었습니까.
거짓 선지자들을 믿은 죄입니까.

남의 눈치 보다 길을 잘못 든 탓입니까.

정치의 기둥이 조금만 더 기울어도,
시장경제의 지붕에 구멍 하나만 더 나도,
법과 안보의 울타리보다
겁 없는 자들의 키가 한 치만 더 높아져도
그때는 천인단애(千仞斷崖)의 나락입니다.

비상(非常)은 비상(飛翔)이기도 합니다.
싸움밖에 모르는 정치인들에게는
비둘기의 날개를 주시고,
살기에 지친 서민에게는
독수리의 날개를 주십시오.

주눅 들린 기업인들에게는
갈매기의 비행을 가르쳐주시고,
진흙 바닥의 지식인들에게는
구름보다 높이 나는 종달새의 날개를 보여주소서.

날게 하소서.
뒤쳐진 자에게는 제비의 날개를
설빔을 입지 못한 사람에게는 공작의 날개를,
홀로 사는 노인에게는 학과 같은 날개를 주소서.

그리고 남남처럼 되어가는 가족에는
원앙새의 깃털을 내려주소서.

이 사회가 갈등으로 더 이상 찢기기 전에
기러기처럼 나는 법을 가르쳐주소서.
소리를 내어 서로 격려하고
선두의 자리를 바꾸어가며
대열을 이끌어간다는 저 신비한 기러기처럼
우리 모두를 날게 하소서.

"날자. 날자. 한 번만 더 날아보자꾸나."
어느 소설의 마지막 대목처럼
지금 우리가 외치는 이 소원을 들어주소서.
은빛 날개를 펴고 새해의 눈부신 하늘로
일제히 날아오르는 경쾌한 비상의 시작!
벼랑 끝에서 날게 하소서…….

17

사랑

사랑하게 하소서

한희철

지구별에서 보내는 하루
일출과 일몰
그 사이를 수놓는
비와 바람과 눈
길에서 만나는 사람들
눈이 부실 만큼
눈물이 날 만큼
사랑하게 하소서
사랑하게 하소서

또 한 번의 기도

김재진

내가

나를 사랑하는 누군가를

더 외롭게 하는 사람이 되지 않게 하소서.

내가

나를 그리워하는 그 누군가에게

떠올리기만 해도 다칠 듯한

아픔으로 맺히는 대상이 되지 않게 하소서.

순간을 머물다 세상과 멀어져도

눈물로 남는 것이 아니라 미소로 남으며

내게 기대는 그 누군가에게

그 자리에 있다는 것 하나만으로도 위안이 되는

고마운 존재가 되게 하소서.

기도

김옥진

소유가 아닌 빈 마음으로 사랑하게 하소서
받아서 채워지는 가슴보다
주어서 비워지는 가슴이게 하소서
지금까지 해왔던 내 사랑에
티끌이 있었다면 용서하시고
앞으로 해나갈 내 사랑은
맑게 흐르는 강물이게 하소서

위선보다 진실을 위해
나를 다듬어나갈 수 있는 지혜를 주시고
바람에 떨구는 한 잎 꽃잎일지라도
한없이 품어 안을
깊고 넓은 바다의 마음으로 살게 하소서
바람 앞에 스러지는 육체로 살지라도
선(善) 앞에 강해지는 내가 되게 하소서

철저한 고독으로 살지라도
사랑 앞에 깨어지고 낮아지는
항상 겸허하게 살게 하소서 크신 임이시여

별

김소엽

이루지 못한 사랑마다
별이 되게 하소서
아픈 이별마다
별이 되게 하소서

눈빛과 가슴으로
수만의 대화를 나누고
멀리 두고 바라만 보게 하소서

아름답고 깨끗한 추억마다
반짝이는 별
별이 되게 하소서

기도 1

차옥혜

그이가 조간신문을 넘기고
잠깬 아이들이 부스럭대는
소리 들으며
금빛 창문을 볼 수 있음을
감사합니다.

은행잎 아스팔트에 흩날리고
외투 깃 여미는 사람들
사과 장사 아저씨
꽃 파는 아주머니
가방 멘 소년들
이 속에 내가 있고
내게 노래를 주심을
감사합니다.

그러나 어두운 곳에서
흐르는 눈물을
보게 하고서

온몸으로 끓는

사랑이게 하소서

나를 포박하소서

이향아

사랑이시여
나를 포박하소서

끈끈하게 엉겨 붙는 전염병같이
나를 삼키는 굴형
목숨을 먼지 한 줌으로 시들게 하고
죽음의 벼랑으로 가는
욕심의 수레
끈끈하게 매달리는 전염병같이
끝없이 억누르는 등짐같이

사랑이시여
나를 포박하소서

쓸어 덮어, 쓸어 덮어
바윗돌 삭이듯
일곱 번씩 일흔 번
용서하게 하소서

당신이 내 죄를
노하지 않으심같이
잊으심같이

완전한 사랑을 꿈꾸오니

최옥

내 입술은
당신을 부를 때
가장 빛나게 하십시오
당신 이름을 부를 때
내 입술이 진실로
떨게 하십시오

내 눈은
당신을 바라볼 때
당신 앞에서
세상의 모든 것들이
참으로 보이지 않을 때
충분히 아름답게 하십시오

긴 머리카락이
당신을 향해서만 휘날릴 때
나의 뒷모습 누구보다
매력적이길 원합니다

내 가슴, 내 가슴은
당신을 아프게 한 순간마다
더 아프게 하시고
당신을 기쁘게 할 때마다
더 기쁘게 하십시오

내가 아는 당신은
시작도 끝도 없는,
늘 그대로의 사랑입니다

사랑을 위한 기도

홍수희

내일은
오늘처럼 살지 않게 하소서

하루해가 뜨고
하루해가 지기까지
나에 대한 실망을
두려워하지 않게 하소서

다짐을 하면 할수록
거듭되는 실패를
따뜻하게
보듬게 하여 주소서

반복되는 시련도 절망도
어두운 나를 알아
당신 앞에
한없이 낮아지는 일

사랑은
천천히 완성되는 것
나로부터 너에게로
소리 없이 스며드는 것

나로 하여
서두르지 않게 하소서
너를 사랑하기 위하여
먼저 나를 사랑하게 하소서

눈물을 사랑하게 하소서

송용구

눈물을 잊지 말게 하소서
굶주린 자들과
누울 곳 없는 자들을 위하여
흐르는 연민을
얼어붙지 않게 하소서

이 추운 밤, 나의 집엔
녹슨 난로에서 끓고 있는
옥수수차 한 잔이 있고,
시린 두 발을 덮어줄
아랫목이 있습니다

낡은 목도리를
여미어줄
아내의 손길이 있습니다

오호라
나는 가진 자임을

부인할 길 없나니
누릴 대로 넉넉히
누리고 있는 나를
부끄럼에 떨게 하소서

흐를 눈물조차 말라버린
사람들의 헐벗은 육신을 위하여
흐르는 눈물을
사랑하게 하소서

18

외로움과 고통 중의 기도

귀를 막지 않겠습니다

차옥혜

고통스러워도
귀를 막지 않겠습니다.

들을 수 있는 귀를 주셨음을
감사하겠습니다.

어두운 소리들이 허우적이는 시궁창에
내 귀도 빠지게 하소서
그리하여 함께 썩고 썩어
발효하여
가스로 훨훨 날아가
하늘이 되게 하소서

괴로워도
귀를 막지 않겠습니다.

외롭다고 생각할 때일수록

나태주

외롭다고 생각할 때일수록
혼자이기를,

말하고 싶은 말이 많은 때일수록
말을 삼가기를,

울고 싶은 생각이 깊을수록
울음을 안으로 곱게 삭이기를,

꿈꾸고 꿈꾸노니

많은 사람들로부터 빠져나와
키 큰 미루나무 옆에 서보고
혼자 고개 숙여 산길을
걷게 하소서.

창을 여시는 주님

한희철

때때로 내 삶을 쓸쓸하게 하시는 주님
허전하게 하시며
아프게 하시는 주님
햇빛을 거두어 그늘을 드리우고
비와 바람으로 흩으시는 주님
꽃 대신 잎이 돋게 하시고
잎을 낙엽으로 떨구시는 주님

때를 따라 주님은
내 삶에 새로운 창을 내십니다
몰랐던 길 하나
그렇게 여십니다

몰랐느냐?

최용우

주님!
돈도 막히고
사람도 끊기고
의욕도 떨어지고
앞도 캄캄
도대체 막막하여
저는 어찌해야 하는지요?

주님!
도대체 왜 이러시는지
죽으라는 소리입니까?
"그래, 죽으라는 소리이다.
그걸 이제야 깨달았느냐?
니가 죽어야
내가 일을 시작하지."

별 하나를 위한 기도

홍수희

내 영혼의 어둠 속에도
별 하나 자라게 하소서

그리움을 잃고 헤매는
한밤중에도

세상이 끝난 것 같은
슬픔 속에도

방향조차 분간 못하는
초조함 속에도

별 하나 끝자락에
도무지 지지 않아서

길이 아닌 것에
좀체 흔들리지 않으며

사랑이 아닌 것에
마음 두지 아니하도록

앓고 나면 앓은 만큼
더 자라 반짝이는

내 기다림의 어둠 속에도
별빛 하나 품게 하소서

나목의 노래

이수익

저의
고난을 바칩니다.
마른 몸을 십자가처럼, 차디찬

겨울 하늘에 걸었습니다.
칼바람 채찍을
내려주소서.

죽음만이
찬란한 부활의 길임을
믿고 있기에

가혹한
피의 고문,
그 출혈을
차라리 달디달게 받겠습니다.

그러나……

지난 봄, 여름, 가을을
눈부신 마음으로 사랑했던 죄
죽어도 후회하지 않으렵니다.

19

감사

기도 2

차옥혜

기쁨만 아니라
슬픔도 감사하겠습니다.
희망만 아니라
절망도 감사하겠습니다.
가진 것만 아니라
없는 것도 감사하겠습니다.
승리만 아니라
패배도 감사하겠습니다.
건강만 아니라
아픔도 감사하겠습니다.
불붙고 맞아서 제구실하는
대장간 쇠붙이를 저는 압니다.

감사

심홍섭

스치는 바람에도 감사
육신의 건강에도 감사
말씀 은혜 주신 것 감사
때맞춰 주시는 만나에 감사
새벽이슬 머금고
새벽기도 드릴 수 있는 것에 감사
불평 불만 푸념 속에서도 찬송할 수 있는 것 감사

감사의 기도

이성진

감사가 넘치는 마음은
힘들 것이 없어요

주신 것도 감사하고
거두어 가시는 것도 감사해요

지금 처한 곳에서 가진 것 그대로 감사하고
조금 부족한 것도 감사해요

기도할 수 있는 마음을 열어주시는 것도 감사하고
힘들어 죽을 것 같은 곳에서 용기를 주심도 감사해요

기쁨

최용우

주님
살아 있어서 기쁩니다.
숨쉴 수 있어 기쁩니다.
아침밥 주셔서 기쁩니다.
쓸 물 주셔서 기쁩니다.
가족을 주셔서 기쁩니다.
맑은 공기 주셔서 기쁩니다.
소리를 듣게 하셔서 기쁩니다.
차 한 잔 너무 기쁩니다

주님!
버스를 타게 해주셔서 기쁩니다.
손에 책 한 권 들려주심 기쁩니다.
넘어져도 기쁩니다.
사기를 당했어도 기쁩니다.
손해를 봤지만 기쁩니다.
세상 모든 일이 다 기쁩니다.
주님이 제 옆에 계시기만 하면
저는 기쁘고 또 기쁩니다.

복된 일

김소엽

이 얼마나 복된 일인가
꽃에는 이슬이 있고
내 눈에는 눈물 있음이

하늘에는 별이 있고
땅에는 꽃이 있으니
이 어찌 아니 기쁘랴

무엇을 근심하랴
위에는 바라볼 파란 하늘이 있고
아래는 든든히 설 굳센 땅이 있고

하늘에는 하나님이 살아계시고
땅에는 사람들이 살고 있는데
이 어찌 아니 평안하랴

눈을 뜨면
산과 들, 새와 나무, 풀과 바람

서로 만나 노래하고

내 곁에는

함께 살아가는 이웃이 있고

내 가슴에는 사랑이 있으니

이 어찌 아니 감사하랴

주님 감사합니다

박인걸

한 쌍의 비둘기처럼
오래된 둥지에서 아내와 함께
오순도순 살아온 날을 감사합니다.

뒷바라지 힘들어도
현관에 뒹구는 자식들 신발을 보면
마음으로 기댈 수 있어 감사드립니다.

아침마다 깨어날 때면
아직도 내 심장이 뛰고 있고
푸른 하늘을 볼 수 있음을 감사합니다.

서로를 아껴주는
아름다운 마음을 가진 이웃들과
언제나 함께 있어 감사합니다.

햇곡 밥을 지어
푸성귀 반찬을 얹어 먹을 때마다

풍성한 양식에 감사드립니다.

하늘에서 땅으로 내려와
주님의 목숨과 나를 맞바꾸어
영원한 생명을 주시니 감사합니다.

아직도

임보

남은 몇 개의 이에 의치를 걸기는 했지만
아직도 매실주에 잘 삭인 매운 홍어를 맛볼 수 있게 하시고,

돋보기의 도움을 받기는 하지만
아직도 맑은 왕유(王維)와 제백석(齊白石)을 즐길 수 있게 하시고,

보청기에 의존하지 않고도
아직도 지나간 명창들의 남도소리며 대금산조에 귀를 열어 주시고

매일 혈압강하제를 한 알씩 복용하기는 하지만
아직도 가까운 삼각산 산자락에 오를 수 있게 하시고

잉어의 등처럼 싱그러운 젊은 여성들의 곧은 다리를 보면
아직도 설레는 가슴을 멈추지 않게 하시고

잘못 돌아가는 세상의 얘기를 들을 때면

아직도 여윈 주먹이지만 불끈 쥐게 하시고

너무 큰 재주 주시지 않아 아직 교만에 사로잡히지 않게 하시고

너무 많은 돈 주시지 않아 아직 방탕에 빠지지 않게 하시고

내 가족과 이웃들
아직도 날 사랑하게 하시니…….

하느님,
고맙습니다.

20

헌신과 봉사

당신 뜻을 이루십시오

이현주

주님,
부족한 종이오나,
이 몸으로
당신의 뜻을
이루십시오.

제 남은 생을,
오직
이 한마디
기도로 살아가게
하여 주십시오.

나의 기도

고훈

나로 하여금
당신의 소모품이 되게 하소서.
가시는 길
기쁨이 되신다면
단 한 번만 밟고 가신다 해도
나는 나뭇잎 되겠습니다.

기다림 하나로
겨울에는 꿈꾸고
봄에는 잎 피우고
여름에는 무성하고
가을에는 모든 것을 비우겠습니다.

나의 가을은
당신 발자국에서
부서져 노래가 되고 향기가 될 수 있다면

나로 하여금
당신의 소모품이 되게 하소서.

물이 되어

김소엽

낮은 데로만 흐르는
물이 되어
겸허히 당신 발 씻기는
물이 되어서
밤에는
애통하는 자의 눈물로
물이 되어서
홀로 별을 담고 흐르는
정갈한 물이 되어서
통회의 눈물
욕심도 야심도 소금이 되어서
모든 부패를 삭힌 바다 되어서
영원의 돛을 달고
생명의 구원선 띄우는
바닷물이 되어서
가장 온화한 몸짓으로
내가 당신에게
이르기를 원하노니.

주님과 걷는 길

최용우

주님!
오늘도 주님과 함께 걷겠습니다.
주님이 가시는 곳에 가겠습니다.
주님이 드시는 것을 저도 먹겠습니다.
주님이 만지시는 것을 저도 만지겠습니다.
주님이 바라보는 곳을 저도 바라보겠습니다.

주님!
오늘도 주님과 함께 일하겠습니다.
주님이 땀 흘리시면 저도 땀 흘리고
주님이 쉬시면 저도 쉬고
주님이 기도하시면 저도 기도하고
주님이 주무시면 저도 자겠습니다.

주여, 저를 이렇게 사용하소서

강선영

주여, 저를 이렇게 사용하소서

주님의 입술이 되게 하소서
주님의 말이 되게 하소서
주님의 눈빛이 되게 하소서
주님의 얼굴이 되게 하소서
주님의 마음이 되게 하소서
주님의 손이 되게 하소서
주님의 발이 되게 하소서
주님의 기억이 되게 하소서
주님의 비전이 되게 하소서
주님의 향기가 되게 하소서
주님의 표정이 되게 하소서
주님의 기도가 되게 하소서
주님의 눈물이 되게 하소서
주님의 사랑이 되게 하소서
그리하여
그 사랑이 나를 통해 드러나게 하소서

내 안에 가득 찬 주님을
타인이 눈치채게 하소서
주님의 놀라운 축복이 흘러가는 통로가 되게 하소서
주여, 주님의 영광의 도구로 사용하소서

저의 이 남루한 육신은 드러나지 않게 하시고
주님만이 드러나게 하소서
주님의 기쁨이 되게 하소서
주님의 웃음이 되게 하소서
내가 주님의 것임을
만인이 알게 도우소서

주여, 저를 이렇게 사용하소서

삶이 힘겨운 당신을 위한 기도

이채

다이어트를 위해 한 끼의 식사를
애써 참아내는 사람이 있는가 하면
한 끼의 식사를 위해
종일 폐휴지를 줍는 사람이 있습니다

하늘 아래
같은 땅을 밟고 살면서도
이불 대신 바람을 덮고
내일을 걱정하는 불면의 밤이 있습니다

가난이라는 삶의 한계 앞에서
내가 알지 못하는 힘겨운 삶이 있다면
차라리 눈을 감고, 사람이여!
나는 눈물의 기도를 하고 싶습니다

오늘 아침 밥상에도
자본주의는 이익을 배당하지 않았고
오늘 저녁 잠자리에도

민주주의는 평온의 휴식을 허락하지 않았다면
법과 도덕은 무엇이며 종교는 누구를 위한 것입니까

자유의 신은 말이 없고
평등의 신은 눈을 감은 지 오래라면
사랑의 진리는 어디에서 찾아야 하며
희망의 나무는 어느 땅에 심어야 합니까

어차피 끝을 알 수 없어도
사유할 수밖에 없는 우리들의 삶
내게 과분한 물질이 있다면, 사랑이여!
지친 자에게 한 줌의 햇살이 되게 하시고
목마른 자에게 한 모금의 샘물이 되게 하소서

손의 기도

정목일

부디 내 손을 깨끗하게 해주소서.
욕망에 눈이 어두워 무엇이라도 갖고 싶어
안달을 부리는 손이 되지 않게 하소서.
아침마다 손을 씻는 것만이 아니라,
마음의 손을 씻게 하소서.

그 손으로 영혼을 씻게 하소서.
고통을 받는 사람들의 이마를 짚어줄 줄
아는 손이 되게 하소서.

시린 손, 공허한 손, 부끄러운 손, 교만한 손,
야욕에 찬 손이 아니라, 따스한 손,
신뢰를 주는 손, 겸허와 눈물을 아는
손이게 하소서.

남을 위해 두 손을 모으는 손이게 하소서.
이익이 될 만한 사람에게만
다가가 악수를 청하려 하지 말고,

뒤켠에서 한숨을 쉬며 물러나 앉은 사람에게
다가가 내미는 손이게 하소서.

성실의 손, 땀에 젖은 근면의 손이게 하소서.
제발 일을 할 줄 몰라 뒷짐을 지게 하지 마소서.
어둠 속에서 신음하며 괴로워하는 사람들의
손을 잡게 하소서.

지금까지 잘나고 의젓한 사람들의 손만
잡으려고 하지 않았는가.
탐욕과 이기심이 가득한 손,
남에게 근심과 해를 끼친 손은 아니었던가.
교만과 고자질을 일삼던 손은 아니었던가.

기도하는 손, 사랑의 체온이 느껴지는 손,
감사할 줄 아는 손, 눈물을 닦는 손,
이웃과 미소로 잡는
따뜻한 손이 되게 하소서.

불빛

차옥혜

집으로 돌아오는 길
멀리서 내 집 창문의 불빛을 볼 때
온몸에 번지는 따뜻함이여

저 불빛을 못 가진
그림자들이 나를 스쳐간다.
이 은혜를 빼앗긴 사람들이
콘크리트 바닥에서
몸을 뒤채는 소리 들린다.

이 세상
캄캄한 방마다 불을 켜고
모든 사람에게 돌아갈 집과
기다리는 사람을 허락하소서

나로 하여금
내 불빛을 나누어주게 하소서

21

꽃의 기도

종이꽃의 기도

전원범

살아 있는 모든 것들과 함께
살아가고 싶은 마음입니다.

땅에 뿌리를 내리게 해주십시오.
땅속 깊은 곳에 생각을 뻗치게 해주십시오.

살은 늘 메마른 채
마음만 살아 있어요.

피가 도는 잎으로
푸른 피가 도는 그런 잎으로

몸을 움직여서
물을 먹고 싶어요.

땅속에 뿌리를 내리게 해주십시오.
땅속 깊이 생각을 뻗치게 해주십시오.

살아 있는 모든 것과 같이

살아 있는 꽃을 피우고 싶어요.

그 꽃의 기도

강은교

오늘 아침 마악 피어났어요.
내가 일어선 땅은 아주 조그만 땅
당신이 버리시고 버리신 땅

나에게 지평선을 주세요
나에게 산들바람을 주세요
나에게 눈 감은 별을 주세요

그믐 속 같은 지평선을
그믐 속 같은 산들바람을
그믐 속 같은 별을

내가 피어 있을 만큼만
내가 일어서 있을 만큼만
내가 눈 열어 부실 만큼만

내가 꿈꿀 만큼만

나팔꽃의 기도

박인걸

줄사다리에 몸을 싣고
당신이 그리워
오르고 또 오릅니다.

밤길이 어두워
혹시라도 미끄러질까
보랏빛 등을
길목마다 밝혔습니다.

바람이 부는 날이면
내 마음도 크게 흔들려
여기서 그만 멈출까
그러나 그럴 수 없습니다.

된서리가 내리기 전에
나는 당신을 보고 싶지만
그리 못할지라도
내년에 다시 오르기 위해
작은 씨앗을 묻어두었습니다.

주님의 꽃으로 피어나게 하소서

최용우

주님!
오랜만에 산책길에 나섭니다.
죽은 듯이 긴 겨울 침묵을 지키던
산과 나무와 흙과 호수와 풀과 대자연이
어느새 살아나고 있네요.

주님!
내 인생의 긴 겨울 한때를
이제 성령의 따뜻한 봄바람으로 녹여주셔서
대자연처럼 저도 살포시 살아나
주님의 꽃으로 활짝 피어나게 하소서.

향기로운 꽃

강선영

주님, 나는 당신 앞에
언제나 향기로운 꽃이 되고 싶습니다.

그 향기
악취만 가득한 세상에
퍼져나가
주님의 사랑을 알리고 싶습니다.

주님, 나는 언제나
향기로운 꽃이 되고 싶습니다.

날마다 당신 앞에 흘리는
내 눈물방울이 꽃잎이 되어
메마른 세상 위에 덮이도록…….

주님, 나는 언제나 당신 앞에
향기로운 꽃으로 드려지고 싶습니다.

22

가난한 이들의 기도

가장 작은 기도

용혜원

두 손을 모은 만큼의

작고 낮아진

마음의 기도를 들어주소서!

아멘!

어떤 기도

이수익

나는
세상에서 가장 아름다운 기도를
본 적이 있네.

어느 조그만 시골 마을을
기차가 지날 무렵
얼핏, 차창 밖으로 보이던

야트막한 교회당 낡은 지붕 위로
아이들 장난감처럼 생긴
나무로 만든 십자가 하나,

지상에서 가장 낮게 엎드린 채
다시는 고개 들 줄 모르고 올리고 있던
그 가난한 손의
기도를…….

가난한 시인의 기도

이인평

주님, 가난의 참뜻을 깨우쳐주십시오.
부의 꿈이 아니라 가난한 마음을 바라게 하시어
제 안에 헛것들이 담기지 않게 하십시오.

새벽에, 부활하신 당신이 무덤을 버리고 나온 것처럼
저의 모든 집착으로부터 저를 자유롭게 하십시오.

주님, 당신은 처음과 끝이 한결같으신 분.
모든 생명에게 숨결을 갖게 해주시고
서로 나눌수록 오히려 풍족하게 해주신 분.

이 세상의 가난을 천국으로 이어놓으시고
가난한 삶을 기쁘고 흥겹게 도우시어
영원한 사랑으로 손잡아주시는 분.

주님, 바로 그 당신을 찬미하게 해주십시오.
들꽃 같은 미소로 당신을 바라보며
맑고 귀한 가난의 화음으로 노래 부르게 하십시오.

당신의 침묵이 온 우주에 가득 찬 것처럼
제 마음에 당신의 기쁨이 가득 차오르게 하십시오.

주님, 가난하지 않고는 견딜 수 없게 하시어
욕망의 부질없음을 깨우쳐 오히려 행복하게 하시고
오직 당신이 주는 품삯으로 풍족하게 하십시오.

당신은 어디에 계십니까

차옥혜

해가 저뭅니다
당신은 어디에 계십니까
오늘도 종일 기다렸습니다
울며 당신의 이름을 불러도 보고
발이 닳도록 찾아도 보았습니다
아직도 때가 이르지 않았습니까
언제까지 더 기다려야 합니까
기다리다 기다리다 죽으랍니까
당신은 끝끝내 숨어서 침묵하겠습니까
당신은 발자국 뒤에 발자국입니까
그림자 뒤에 그림자입니까
오늘도 당신을 못 보고 몇 사람이 떠났습니다
그래도 나는 당신을 믿어 숨을 쉬고 눈을 뜹니다
당신은 슬픈 삶들이 스스로 뒤집어쓴 굴레입니까
어둡고 춥고 가난한 마음들이 지피는 모닥불입니까
너무나 먼 곳에 있어 볼 수 없는 별입니까
다시는 기다리지 말자 다짐하면서도
나는 어느덧 등불을 들고
어두워지는 길목에 서 있습니다.

풀잎이 하나님에게

허형만

우리의 연약함을 보시고
우리의 이파리를 꺾이지 않게 하시며
당신의 이름을 위해 우리를 지키소서
야훼, 우리 하나님
태풍이 몰아쳐도 뿌리 뽑히지 않게 하시고
들불이 번져와도 타지 않게 하소서
비록 어둠 속에서도 두 눈 크게 뜨게 하시며
나팔을 높이 불어 쓰러진 동족을 일으키소서
우리의 햇살을 전과 같이 함께하게 하시고
우리의 새들도 처음처럼 돌려보내 주소서
짓밟는 자에게 생명의 귀함을 일깨워주시고
낫질하는 자의 낫은 녹슬게 하소서
야훼, 우리 하나님
우리의 땅은 더욱 기름지게 하시고
우리의 영혼은 버러지로부터 보호해주시고
우리의 뿌리는 더욱 깊이 뻗게 하시며
우리의 하늘은 더욱 푸르게 하소서.

23

하루를 위한 기도

오늘 하루

나태주

오늘 하루
주신 목숨
감사히 살았나이다

내일도 하루
주실 목숨
감사히 살게 해주소서

오늘을 위한 기도

정연복

오늘을 마치
내 생애 최초의 날같이
싱그러운 마음으로 살게 하소서

오늘이 어쩌면
내 생애 마지막 날인 듯
애틋한 마음으로 살게 하소서

오늘 하루의 매 순간을
보물처럼 소중히 여기며
알뜰한 마음으로 살게 하소서

하루의 기도

유소례

세상은 아직 새벽,
마음의 원점에서 깨나지 않아
고요한 평화가 문틈으로 솔솔 스밉니다

오염 없는 이 시간의 방 안,
당신의 말씀으로
첫발을 내딛는 심연에
기쁨의 시냇물이 물보라 칩니다

하루를 통과하는
소중한 내 삶의 무대를 위해
기도 드립니다
'시간마다 색칠하는 오늘
영원으로 흐르는 멋진 작품이 되게 하소서'

무색의 이 새벽기도
묵은 때를 벗기는 세제처럼
영 혼 육의 어두운 곳마다 빨고 닦아내

아늑한 늑골에서 사랑하는 마음도
샘솟듯 넘치기 원합니다.

오늘을 위한 기도

김소엽

잃어버린 것들에
애달파하지 아니하며
살아 있는 것들에
연연해하지 아니하며
살아가는 일에
탐욕하지 아니하며
나의 나 됨을 버리고
오직 주님만
내 안에 살아 있는
오늘이 되게 하소서.

가난해도
비굴하지 아니하며
부유해도
오만하지 아니하며
모두가 나를 떠나도
외로워하지 아니하며
억울한 일을 당해도

원통해하지 아니하며
소중한 것을 상실해도
절망하지 아니하며
오늘 살아 있음에
감사하고 감격하는
하루가 되게 하소서.

누더기를 걸쳐도
디오게네스처럼 당당하며
가진 것 다 잃고도
욥처럼 하나님을 찬양하며
천하를 얻고도
다윗처럼 엎드려 회개하는
넓고 큰 폭의 인간으로
넉넉히 사랑 나누며
오늘 하루를 살게 하소서.

오늘을 위한 기도

홍수희

나로 하여
오늘을 살게 하소서
내일이 마지막 날인 것처럼

내일이 오면
또 그 내일이 온다는
안일함으로

오늘 내게 주어진
소중한 작은 것들을
부디 잃지 않게 하소서

더러는
마음 상하는 일이 있었더라도
나보다는 너의 편에서
이해할 수 있는 여유를

더러는

우쭐하는 마음이 있었더라도
칭찬은 너에게로
돌릴 수 있는 따스한 용기를

날카로운 시선에는
오히려 부드러움을
미움에는 오히려
베푸는 향기를

나로 하여
오늘을 그렇게 살게 하소서
내일이 마지막 날인 것처럼

지나고 나면 다시는
오지 않을 오늘이라면
지금 이 시간 사랑으로
절박하기 때문입니다

새벽 종소리

유소례

저 - 종소리
단 종소리로만 듣는 자 되지 않게 하소서
참뜻을 심장에 새겨
종소리 속의 말씀을 듣게 하소서

울려 퍼지는 소리 끝에
분명 나직하나
산같이 들릴 그분의 음성,
어두움을 깨우는
그 음성을 가슴에 투망질하게 하소서

눈부신 떨림으로
두근거리는 한 방울의 피까지
꿰뚫는 빛, 그 빛 속에
녹아 흐르는 영혼이 되게 하소서

살 속에 감춰진 검은 그림자와
아직도 꺾어지지 않는 무릎으로

비틀걸음 하는 발자국을

당신의 피 묻은 저-종소리에 씻게 하소서.

아침 기도

유안진

아침마다
눈썹 위에 서리 내린 이마를 낮춰
어제처럼 빕니다

살아봐도 별 수 없는 세상일지라도
무책(無策)이 상책(上策)인 불운일지라도
아주 등 돌리지 않고
반만 등 돌려 군침도 삼켜가며
그래도 더러는 용서도 빌어가며
하늘로 머리 둔 이유도 잊지 않아가며

신도 천사도 아닌 사람으로
가장 사람답게 살고 싶습니다
봄 여름 가을 겨울 따라 울고 웃어가며
늘 용서 구할 거리를 가진
인간으로 남고 싶습니다

너무들 당당한 틈에 끼어 있어

늘 미안한 자격 미달자로
송구스러워하며 살고 싶습니다
오늘 하루도

새 아침의 기도

조창환

새 아침에
꽃씨 하나 받게 하소서
작고 단단한 꽃씨 어루만질 때
씨앗 한 점에 우주가 담긴
그 신비, 느끼게 하소서

꽃나무 모종 하나 가슴에 품고
새봄 맞게 하소서
꽃나무 모종 하나 뜨락에 심고
실비 내리는 새벽 바라보게 하소서

햇빛 이글거리는 날
뜨거운 바람 번득일 때
백일홍, 채송화, 과꽃, 접시꽃…….
사람의 마을에 붉은 꽃 가득 넘쳐
그 꽃밭에서 서로 사랑하게 하소서

마침내

산그늘 홀로 무거워지고
사람의 마을에 가을이 오면
그늘 속에 맑은 열매 줍게 하소서

흐린 하늘과 차가운 바람 속에
저희가 너무 오래 떨었사오며
거친 말, 욕된 날, 무서운 밤을
저희가 너무 오래 겪었사오니

새 아침에
단단한 꽃씨 한 점 내려주시어
거기서
실비 내리는 새벽과
이글거리는 사랑 보게 하시고
그늘 속에 맑은 열매 기다리게 하소서

밝은 아침

최용우

주님!

아침에 눈을 뜨니

맑은 새소리

깨끗한 공기

상큼한 풀 냄새

온통 주님의 은총으로

세상이 밝고 환합니다

주님!

일어나 무릎 꿇으니

사랑하는 아내

귀여운 아이들

강아지 토끼까지

모두 기지개를 켜며 깨어나

세상에 활기 넘칩니다

아침 기도

정용철

나에게 하루를 주심에 감사드립니다.
이 하루 안에 만남을 주시고
이 만남 안에 사랑을 주시고
이 사랑 안에 삶을 주심에 감사드립니다.

나에게 하루를 주심에 감사드립니다.
이 하루 안에 다정한 눈빛과 마음의 원함과
내가 해야 할 일과 배우고 나아가게 하심에 감사드립니다.

나에게 하루를 주심에 감사드립니다.
이 하루 안에 따뜻한 가족과 정겨운 친구와
정다운 이웃들과 함께 살아가게 하심을 감사드립니다.

이 하루가 끝나면
새로운 하루를
동쪽에 준비해두시고 편안히 잠들게 하심을 감사드립니다.

잠들기 전 기도

나태주

하나님
오늘도 하루
잘 살고 죽습니다
내일 아침 잊지 말고
깨워주십시오.

마르타는 오늘도 죽습니다

최옥

매일 밤, 잠드는 시간을
죽음에 드는 것 같게 하소서

하루 한 번씩
어김없이 잠드는 것과 같이
내 안에 자라는
나쁜 습관, 나쁜 마음도
하루 한 가지씩 죽게 하소서

잠들기 전에 하는 기도

김상현

나뭇잎에 아침 이슬 맺듯
자고 나면 내게도
이마에 맑디 맑은
기쁨 서리기를

아직도 기도하고 있습니다

경청하소서

이향아

하루를 탈 없이
건넜습니다

안 풀리는 매듭은
베고 잡니다

오늘 밤 꿈속 밝힐
불꽃같은 눈

내일 아침 돋는 해여
나를 경청하소서

나의 기도

차옥혜

나이 사십이 넘고도
제자리에 없는 내가
부끄러웠습니다.
밤새 나를 부르러 다니다가
새벽에야 내가
부끄러움이 아님을 알았습니다.
당신도 항상 길을 떠나고 계심을
알았기 때문입니다.
내일이신 당신이여
내가 오늘을 손 흔들어
하직할 수 있음을
감사합니다.

24

사계절의 기도

새해의 기도

정목일

새해에는 기쁨이나 복만을 얻으려 하지 말고
일상에서 삶의 의미를 발견하고 누리게 하소서

평범함과 사소함 속에서 기쁨과 은총을
깨닫게 하소서

영원에 눈이 어두워
크고 원대한 꿈만 좇으려 하지 않게 하소서

이 순간을 사랑하게 하소서
지금 이 순간의 소중함을 잃지 않게 하소서

자신의 성취는
주변 사람들의 도움으로 이뤄진 것을 알게 하소서

오늘 이 순간은
일생에 단 한 번 맞는 기적

나는 무엇으로 의미의 꽃을 피울까
자각하게 하소서

화내지 않게 하소서
미소를 잃지 않게 하소서

집착과 번뇌의 먹구름이 낄 때마다
양심의 종을 울리게 하소서

흔들리지 않게 하소서
미소 짓게 하소서

떠오르는 태양처럼 눈부시게
하루를 맞이하고

지는 태양처럼 장엄하게
하루를 거두게 하소서

새봄의 기도

박희진

이 봄엔 풀리게
내 뼛속에 얼었던 어둠까지
풀리게 하소서.

온 겨우내 검은 침묵으로 추위를 견디었던 나무엔
가지마다 초록의 눈들
땅속의 벌레들마저 눈뜨게 하소서.

이제사 풀리는 하늘의 아지랑이
골짜기마다 트이는 목청,
내 혈관을 꿰뚫고 흐르는
새소리, 물소리에
귀는 열리게 나팔꽃인 양

죽음의 못물이던
이 눈엔 생기를, 가슴엔 사랑을
불붙게 하소서.

한 여름밤의 기도

안성란

깨끗한 옷을 입고
웃음의 날개를 달고
알알이 영글어가는 행복은
사랑으로 물들인 물빛 마음에서
달콤한 향기를 뿌리며 시작되는
아침 되게 하소서.

투명한 유리잔에
시간을 희석한 마음을 부어주고
그들이 성장하길 바라며
진실한 대화로 시원한 생수처럼
미소가 흐르는 하루가 되도록
노력하게 하소서.

우리네 삶으로 맺은 인연
자연이 주는 귀한 선물로
웃음으로 낮은 미소로
사람과 사람 사이를 좁혀

마음과 마음이 열리는
포도송이 인연이 되게 하소서.

그 누구에게도
함부로 남의 행복을 거론치 말게 하시고
말하기 전에 먼저 생각을 하며
의미 없이 말을 하는 참새가 되어서
허수아비 참뜻을 안다고
말하지 않게 하소서.

가을의 기도

김휘현

따사로운 햇빛을 비춰주소서
지난여름은 너무 갑갑했습니다
마음의 여유까지 말라버린 가뭄과
생의 의지마저 앗아가려 했던 태풍에
삶이 움츠러들었습니다

신선한 바람을 불어주소서
지난여름은 너무 게을렀습니다
여기서 손짓하고
저기서 부르는 소리에
머뭇거리는 사이
믿음의 자리에서 멀어져버렸습니다

제자리를 찾게 하소서
잎만 무성한 무화과나무처럼
뻗어나기에 바빴습니다
생각 없이 기웃거리다가
눈은 하늘처럼 높아져버렸고

마음엔 허전함이 가득 밀려와 있습니다

이제는

흐트러진 마음 여미고

눈을 들어

희어진 밭을 보게 하소서

그리고

겨울이 오기 전에 거둬들이게 하소서

겨울밤에 드리는 작은 기도

이채

내가 스친 오늘의 모두가
나로 말미암아 춥지 않게 하시고
나로 말미암아 기쁨이 되게 하소서

나의 손길이 위로가 되고
나의 말이 온기가 되어
그들의 하루가 따뜻하게 하소서

내가 알지 못하는 그 무엇이
미움의 불씨가 되어
서로의 거리가 차갑지 않게 하소서

눈처럼 고운 아침이 늘 처음처럼 신선하여
그들로 하여금 꿈꾸는 희망이게 하소서

차갑도록 시린 새벽길
일터로 향하는 그들의 발걸음이
하얀 눈처럼 가볍도록 하소서

오늘도 내일도 어떻게 살아낼까 하는 추위에
나의 작은 기도가 용기와 힘이 되게 하소서

송년 기도

정연복

주님!
올 한 해도
정말 꿈결같이 흘러갔습니다

쏜살같이 흐르는 시간 속에
삶의 참된 의미를 묵상하게 하소서

'나'는
어디에서 와서 어디로 가고 있는지
겸손히 헤아려보게 하소서

삼백 예순 다섯 날 동안
사랑의 키는 얼마나 자랐는지
믿음의 뿌리는 얼마만큼 깊어졌는지
소망의 탑은 얼마쯤 높아졌는지
조용히 살펴보게 하소서

따뜻한 사랑과 보살핌과 격려를 보내준

많은 이들에게 감사하게 하소서

잠시라도 미운 마음을 품었던 이들에게
진심 어린 사죄의 말을 전하게 하소서

엮은이 **정연복**

연세대학교 영문학과와 감리교 신학대학교 대학원을 졸업하고 현재 한국기독교연구소 편집위원으로 있다. 『함께하는 예배』(1990), 『오늘 우리에게 예수는 누구인가?』(1991), 『가난한 사람의 눈으로 읽는 성서』(1995), 『아름다운 사람 아름다운 신 예수』(1999) 등의 저서를 비롯하여 『신비주의 신학』(2000), 『냉전과 대학』(2001), 『건강불평등: 사회는 어떻게 죽이는가』(2004), 『아메리카, 파시즘, 그리고 하느님』(2007), 『지상의 위험한 천국』(2012), 『제국의 그림자 속에서: 신실한 저항의 역사로서 성서 새로 보기』(2014) 등의 번역서를 냈다.

내게 기적이 일어나는 시간
한국의 기도 모음집

엮은이 | 정연복
펴낸이 | 김종수
펴낸곳 | 도서출판 시인사
편집 | 조인순

초판 1쇄 인쇄 | 2014년 12월 25일
초판 1쇄 발행 | 2014년 12월 30일

주소 | 413-120 경기도 파주시 광인사길 153 한울시소빌딩 3층
전화 | 031-955-0655
팩스 | 031-955-0656
홈페이지 | www.hanulbooks.co.kr
등록번호 | 제406-2003-000050호

Printed in Korea.
ISBN 978-89-85032-26-1 03230

※ 책값은 겉표지에 표시되어 있습니다.
※ 시인사는 도서출판 한울의 계열사입니다.